関曠野
聞き手：三室勇

なぜ ヨーロッパで 資本主義が 生まれたか

西洋と日本の歴史を問いなおす

NTT出版

まえがき

本書は、思想史家、関曠野氏の語りおろしを一書にしたものである。関氏には巻末の著作リストにあるとおり、これまで数多くの著作がある。最初の著書『プラトンと資本主義』以来、ヨーロッパの精神文化史を批判的に検討し、近代資本主義がどのように誕生し、世界制覇したのか、その謎に迫ろうとする著書を書かれてきた。

本書の魅力は、私たちが教育や読書などで得ていた歴史の見方がくつがえされる驚きである。本書の「はじめに」で、思想史の方法について語っている。私たちが当たり前のように思っていることが、無意識に私たちを縛っている思想であったり、すでに過去の遺物となった思想であったりするかもしれないのだ。そうした思想の呪縛を明らかにすることが思想史家、関氏がこれまで一貫して行ってきた仕事の中心にある。

文明の異なったアジア、アフリカの国々が、なぜ近代化の名の下で西洋化するのか、といったことに疑問を持たれたことはないだろうか。思想信条から生活様式まで、西洋化することの背景に何があるのか。また、自由、平等、友愛の国が、なぜ植民地を持つことができたのか。人権、民主主義をいう国が、なぜ世界各地で軍事力を行使しつづけるのか。本書は、こうした疑問に一つの見方を示してくれる。

この本のタイトルにあるように主要なテーマとして資本主義がある。資本主義はたんなる経済現象ではない。それを推し進める精神文化がある。その精神文化に突き動かされるように、人々は競争や自己実現への強迫に追い立てられてはいないだろうか。また、今日の貨幣崇拝がどのように生まれ、変転してきたのか。これにも一つの視座を拓いてくれる。

関曠野氏は二〇〇〇年代に入り、クリフォード・ヒュー・ダグラスが一九二〇年代に提唱した議論、通貨改革と国民配当（ベーシック・インカム：無条件に個人当てに一定金額を支給する）を今日的課題として紹介してきた。いま欧米を中心にベーシック・インカムへの関心が高まりつつある。戦後の福祉型国家の限界が見え始めたこともある。多くの国家が巨額な負債によって破綻する危機を抱えている。その裏には、グローバル金融資本がマネーゲームに走り、その破綻が世界経済を混乱に落とし入れている事実がある。期せずして、ダグラスの議論は今日的な意味があるということだ。ただ、最近の動きで危惧するのは、社会保障をやめてベーシック・インカムを導入しようという福祉切り捨て政策になってしまっていることだ。

また、本書の第8章、第9章では、日本の歴史、文化の特異性とは何か、などについて言及している。

私は、関曠野氏にこれまでの思索を語っていただきたいと考え、企画を立て、二〇一四年一月に提案し、了承を得た。その後、四回にわたり長時間の談話を録音し、それを文字に起こし、それをもとに加筆訂正を何度となく行い、本書原稿を作成した。その間の語るべき内容項目は、関氏にご用意いただき、それにそって進行した。その内容は目次をご覧いただければわかるとおり、実に豊富なものとなっている。関氏の思索の奥行きと幅が本書の内容を豊かにしている。

また、本書は語りおろしであり、読者は細部に拘泥せずに、その語り口に導かれて、内容を味わってもらいたいと考えて、細かな注記は省いた。そのため巻末に参考となる「文献案内」と「関曠野目選著者・論文リスト」を付した。この本を呼び水にして、関氏のこれまでの著作にぜひふれてもらいたい。

三室　勇

目次

なぜヨーロッパで資本主義が生まれたか——西洋と日本の歴史を問いなおす

はじめに——思想史とはいかなる作業なのか

過去の思想の呪縛

日本では、有名な丸山真男の理論信仰と実感信仰という言葉がありますね。私にとってはインテリや学者のドグマ的な理論信仰などどうでもいい、どっちみち歴史によって反駁されるものですから放っておいてよいと思っています。

私が問題にしているのは、自分は現実主義者、リアリストのつもりのインテリや学者が、いかにさまざまな思想に呪縛されているかということです。過去の思想にとらわれていて、ぜんぜんリアリストではないわけです。丸山真男が理論信仰といったのは、マルクス主義者が頭にあったのでしょうが、リアリストを自任しながら、実は昔のドグマに呪縛されている典型が、今のさまざまな流派の経済学者です。

さらに問題なのは、まったく素朴な実感で生きているはずの庶民、大衆も深く思想に呪縛されていることです。それが問題なのです。たとえば、近代の天皇制は、制度として明治政府がでっち上げたものです。しかし、日本人は現にある天皇制になじんでしまっています。制度になじむと、大衆は生活感覚の中で、皮膚や毛穴からいろんな思想を吸い込んでしまうということがあるのですね。天皇制でいうと、制度になじむということは、この制度を作った思想に知らず知らずに感化され、それを吸収してしまうということなのです。

天皇制はカイザー（ドイツ皇帝）のドイツ帝国をモデルにして作られました。その結果、ドイツ思想など知らない庶民がヘーゲルやシュタインなどが作りあげたプロイセンの国家哲学に呪縛されてしまう。しかもそれに気が付かないという問題があるわけです。私にとっての思想史の課題は、自称現実主義者のインテリ、あるいは実感主義者であるはずの庶民を呪縛しているさまざまな思想を暴き出すこと、さまざまな過去の思想、偏見、予断、伝聞、こうしたものにわれわれがいかに汚染されているかを暴き出すことです。

思想史の方法

私がとる思想史の方法は、科学史と同じです。科学の歴史は、初め素朴な仮説から始まって、つぎつぎと真理を発見し、蓄積していって、いずれは究極の真理に到達する歴史と思われています。一般の科学史にはそんなふうに書いてあるものが多い。これは学校教育の発想ですね。幼稚園から始まって大学までいくという発想、それがそのまま思想史になってしまっているわけです。

しかし、実際の科学の歴史は、次第に絶対的真理に迫っていく歴史などではありません。科学は客観性、実証性を重んじ、世界をあるがままに捉えるものであるはずなのが、ぜんぜんそうなっていないのです。科学が現象を捉える場合は、たんなる実感ではだめで、理論的仮説が必要です。

それがあって初めて現象が捉えられ、解明できる。そして、科学における理論的仮説は、あくまで実験装置の一部なのです。ドグマではないわけです。実験で誤っている、役に立たないと分かれば、その理論的仮説は放棄されます。にもかかわらず、科学者がいかに昔の学説やら偏見やら先入観にとらわれてきたか、科学の歴史はそうした先入観との格闘の歴史です。フランスの科学哲学者バシュラールが使った言葉に「認識論的障害」がありますが、それに該当します。

科学者は純粋に客観的に現象に迫っているつもりでも、科学的とはいえない、いろいろな思想に無意識に呪縛されてきたということです。たとえば、優生学という学問などでは、それがはっきりと出てくるわけですが、純粋な理論物理学でさえも、そういう障害に足を引っ張られることはいくらでもあるわけです。そういう意味では科学史というのは、科学者を無意識に呪縛していたさまざまな思想、偏見、先入見を明るみにだし、排除していく歴史なのです。そして、私にとって思想史の作業も、それと同じものなのです。

人間は実は思想過剰なのであって、どうやって思想の過剰を排除して、言ってみれば究極の無思想になれるか。究極の無思想になれば、人間の思想と現実が完全に一致する。これは極限で、そうした境地にはついに達しえないでしょう。私に言わせれば、すでに小学生の頃に人間の頭は思想でいっぱいになっている。それに一生気が付かないことがある。さまざまな思想を自分の素朴な実感だと思っている。その結果、すでに過去の遺物になった思想に振り回される。ですから、どうやって自分を呪縛している思想を発見し、排除していくか。これが思想史の作業なのです。ある意味では、究極の無思想であることが理想なのです。そのためには生涯にわたる修業が必要となるわけです。

歴史を「スキャンダル」として暴く

科学史の場合は、科学者がどこまで認識論的障害に足を取られてきたかということで済むのですが、現実の政治・経済・思想などが問題になってくると、科学史のような認識の問題では片付かない。現実に社会を動かしている権力が、そうした予断や先入観にとらわれた言説の秩序として成立しているわけですから、その秩序は人びとを呪縛している過去の遺物にすぎないと公言することは、スキャンダルなのです。だから思想史の本は必然的にスキャンダルの本にならざるをえない。

私は一九八二年の処女作の『プラトンと資本主義』以来、歴史をスキャンダルとして暴いてきました。『プラトンと資本主義』は、ヨーロッパ文明そのものの根本にスキャンダルの要素があると言っています。これを出発点として、私は次から次へと歴史をスキャンダルとして掘り起こしてきました。大抵の人は学校教育のパターンで、幼稚園から始まって大学へ行くことで真理に近づいていくという発想ですから、こういう私の本は俗受けしません。人間は思想過剰であることが問題であり、究極の無思想こそ理想などと言明することの方が、世間にとってはスキャンダルなのです。

第1章　ヨーロッパ史を問いなおす

——矛盾と相克の歴史

「ギリシャ＝ローマ」の虚偽

十九世紀半ばに開国して以来、日本人は否応なくアメリカや英仏独など欧米の有力国と付き合ってきました。その間に日本人を再三戸惑わせてきたことがあります。それは欧米国家の二面性という問題です。市民の権利と義務における平等、統治は市民の自由な同意に基づくとする政治的自由とそれを可能にする言論の自由などの社会的自由、恣意的な支配を排する法の支配。ヨーロッパはこういう原則を掲げてきました。だから「アジアの専制」に「ヨーロッパの自由」を対比させるヨーロッパの思想家も多い。もっとも自由と法の意識は欧米にしかないというのは、欧米人の自惚れでしょう。どこの社会にも為政者と人民の暗黙の社会契約はあるはずです。しかしながらヨーロッパだけが、こういう自由と法の原則を明確に言葉にし、制度化してきたことは否定できません。

ところが他方では、西洋文明には明らかに暴力の性格、それも組織的方法的な暴力の行使という特徴があります。広島、長崎への原爆の投下やアウシュヴィッツに比べれば、ジンギスカンのモンゴル軍による虐殺など児戯に等しい。アメリカは第二次世界大戦後にも世界各地での軍事力の行使で四千万人を殺したといわれています。それでも自由とデモクラシーの旗手を自任している。これは偽善や欺瞞ではない。二つの顔を持つヤヌス神のような、西洋文明の二面性なのです。そしてこの二面性の謎を解く鍵は、古代のギリシャとローマという異質な文明をハイフンでつないだ「ギリシャ＝ローマ」という言葉にあるのです。

五世紀にローマ帝国が滅亡した後、帝国の遺産はアルプス以北の西欧各地の修道院に継承保全され、この修道院が核となって西欧のキリスト教文明が誕生しました。ですから西洋文明の原型は、ローマ帝国なのです。この事実はしっかり押さえておく必要があります。ヨーロッパの文明は古代ギリシャのポリスの文明には関係がないのです。市民の政治的自由や法の支配の原則は、このポリスという都市共和国で生まれたものです。ポリティックスという言葉もポリスに由来しています。このポリスの文化に歴史的に無関係なのだから、欧米国家の自由やデモクラシーは、まがいものなのです。ところが西洋文明の源流はギリシャ＝ローマという虚偽が今日もまかり通っています。これは、なぜなのか。

そこでローマの歴史を振り返ってみれば、この虚偽が生じてきた原因はすぐに分かります。まず第一に、ローマ人による先進地域ギリシャの文物の輸入です。イタリア半島中部の未開部落だったローマは、まず都市国家になり、それから大帝国に発展しました。この過程で粗野なローマ人は、ギリシャ文化を輸入することで文明国の体裁を整えました。共和政末期に平民との闘争に勝利した富裕な貴族層は、ギリシャの上流社会の教養を身に付け、その子弟はこぞってアテネに留学しました。これは十九世紀ロシアの貴族がロシア語を農民の言葉と蔑みフランス語を話していたことに似ています。このように支配階級の教養がギリシャ風だったことから、ギリシャとローマは似たような文明という誤解が広まりました。

第二に、ローマは共和政の都市国家から専制的な帝国に発展し変質しましたが、この過程は共和政の形骸化のかたちをとり、帝政が新たに正式な制度となることはありませんでした。ローマは現実には帝政だったのに最後まで建前では共和政のままでした。これもギリシャとローマが混同される原因になりました。

ではギリシャとローマは、どのように異なっていたのでしょうか。まず初めに、地理学的な差異があります。国土が狭く山地ばかりのギリシャでは都市国家を超える統一国家の成立は困難でしたが、イタリア半島には農業、商業で飛躍的に発展する余地がありました。これは経済と政治体制の違いを生みます。ローマは奴隷狩り戦争と奴隷制経済によって発展し領土を拡大しました。

だがギリシャでは奴隷は基本的に家事奉公人、下男や下女のことでした。ギリシャでは成人男性の市民はポリス（都市国家）に属し、女性と奴隷はオイコス（家政）に属していました。これは人間の活動領域の区別であり、抑圧搾取支配を意味するものではありません。だから人間を家畜として扱う奴隷制経済は存在せず、スパルタクスの乱のような奴隷の叛乱が起きたこともありません。ところがローマでは家族さえファミリアという奴隷組織で、父親は息子を三回まで奴隷に売ることができました。

古代の都市国家は貴族と平民の闘争に明け暮れました。身分制がないこの国家では、政治の焦点は貧富の差でした。そしてギリシャではアテネなどで平民が勝利して史上初のデモクラシーが実現したのに対し、ローマでは貴族が勝利しました。これは奴隷狩り戦争の国内への反作用とみることができます。こうしてローマでは当初の共和政は掘り崩され、さらに貴族層が今度は戦争での最高司令官を意味した「インペラートル（Imperator）」に従属する結果になり、ローマは資産家が支配する金権政治の帝国に変質しました。そして近代世界には、このローマ支配層のプリズムを介したギリシャ像が伝わったのです。「哲人王が愚民を支配すべき」というプラトンの説はローマ人に受けて、アテネでは「底抜けの馬鹿」扱いされていた彼は、ローマでは「神のようなプラトン」になりました。「哲学で真理を会得した者は法を超越してもいい」というこの説は、デモクラシーの根幹を攻撃するものです。プラトンがデモクラシーの敵だったことは、彼が主著『国家』でポリスから詩人を追放していることにも示されています。ホメロスのような詩人は、不死の神々とは対照的な死すべき人間の悲劇的尊厳を謳い、ギリシャ文化から呪術的カリスマ的権威の要素を排除しました。この詩人による文化の非魔術化を定礎に、ギリシャではデモクラシーや自然学、ソフィストの弁論術やギリシャ悲劇が開花することになります。このソフィストに対する嫉妬からプラトンは「知への愛」としての哲学なるものをでっちあげ、さらに「哲学がギリシャ文化を代表している」という誤解をローマ人が後世に広めたのです。この辺りについては『プラトンと資本主義』で詳細に議論しました。

ただし自由や人権を説きながら暴力を揮《ふる》うという欧米国家の二面性をあからさまに作り出したのは、近世ヨーロッパのブルジョアジーです。興隆するブルジョアジーには、ローマ教皇の宗教的権威と君主の政治的権威が、その経済活動の障害になった。そこで彼らは、ルネサンスが甦らせた古代の共和主義の記憶を、自分たちの利害に即してご都合主義的に利用したのです。その典型が、自由主義の祖である英国のジョン・ロックです。ロックはカトリック教会と絶対君主を共和主義の論法で攻撃していますが、こと経済になると資産家や投資家の利害を厚顔に擁護していて、共和主義的平等の要素など微塵もありません。このロックの哲学に基づいて建国されたのがアメリカ合衆国です。そしてアメリカの大統領・上院・下院という政体は、ローマ帝国の皇帝・貴族・平民という政体に倣ったものです。ですから上院はローマの元老院と同じく「セニット(senate)」と呼ばれています。初代大統領のジョージ・ワシントンがその退任演説で「アメリカ帝国の興隆」について語ったことは不思議ではありません。

イエスは仏教の僧だった?

思想史は歴史をスキャンダルとして暴く作業にならざるをえないと初めに言いましたが、私がみるところでは、とくにヨーロッパの歴史は一連のスキャンダルなのです。そこでこの問題を、ヨーロッパのキリスト教文明の出発点にあるイエスという存在、イエスの歴史的な実像ということから始めたいと思います。十九世紀以来、何回も蒸し返されている話なのですが、イエスは実はインドで修行した仏教の僧だったのではないかという議論があります。

英国のBBC放送がテレビ・ドキュメンタリー「イエスは仏教徒だった(Jesus was a Buddhist Monk)」を制作しており、これは動画サイトYoutubeでも見られます。これはトンデモ話ではなくて、かなり議論されてきたことなのです。なぜ、こうした議論がでてきたかというと、新約聖書はイエスの言行録ですが、その中にイエスの青少年期の記述がすっぽりと抜け落ちています。まずこれが問題になるわけですね。青少年期こそ彼が思想を形成した時期のはずだから。ところが注目すべきことに、新約聖書の中にイエスが誕生した時に東方から三人の博士が来て、祝福したという記述があります。この東方の三博士とは何者なのか。そこで推測になりますが、この東方から来た三博士は、おそらく菩薩として亡くなった仏教の高僧の生まれ変わりを探して、パレスチナにやってきたインドの仏教徒だった。インドと中東は昔から香辛料貿易などで地域交流があり、インド人が中東に来ても不思議はないわけです。彼らはイエスの誕生を確認して、インドに一度引き返し、イエスが少年になった頃を見計らって少年イエスを引き取りにやってきて、彼をインドで仏教徒として修行させた。イエスは二〇歳代の終わりに故郷のパレスチナに戻って、仏教徒として説教を始めた。

　イエスが言っている「神の国は汝らの内にあり」とか「この世の富と権力への執着を捨てよ」とかは、ユダヤ教のものではなくて、仏教のものという説があります。イエスが仏教の僧だったのかどうかは、今となっては情況証拠しかないわけですが、そう考えてみると、新約聖書の不可解な部分に説明がつくことがあります。イエスは実母のマリアに対して、お前みたいな女は知らないといった宗教者にしては冷たい言葉を言っていますが、これもイエスが自分を出家した人間とみなしていたのなら、不思議ではないわけです。イエスは弟子たちと伝道の旅に出るにあたって、路銀はいっさい持って行くなと一見無茶苦茶なことを言っていますが、これも彼が托鉢の旅を考えていたとすれば説明がつきます。

イエスは、アモス、エレミアといったイスラエルの預言者の系譜を引く人間とされることが多いですが、預言者には弟子を取るという習慣はなかった。彼らは荒野に呼ばわる孤独な声でした。その点、イエスと十二人の使徒はユダヤ的というよりインド的、とくに仏教的なものなのです。

イエスがその後のヨーロッパの運命を左右したほどの人間であり、その意味では、イエスの処刑は歴史的大事件であったわけです。ですが、同時代のユダヤ文献にイエスの記述が一切ない。これはなぜなのか。ユダヤ文献なら、イエスというとんでもない異端がいたと記録するはずです。イエスは、サンヘドリン（政治と宗教を兼ねたユダヤの最高評議会）によってローマ軍に告発されて、処刑される。しかし、その記述が一切ユダヤ文献にない。これもおかしい。イエスの告発と処刑は、間違いない史実です。結局、ユダヤ教の視点では、イエスは東方の宗教にかぶれた異教徒、カルト集団の教祖で、ユダヤ教に関係ないから記録するに値しなかったと考えることもできます。

また、ある説では、イエスは異教徒としてサンヘドリンに告発されて、ローマ軍に引き渡された。ローマ軍はユダヤ社会内部のゴタゴタだから気が進まなかったが、しぶしぶイエスを処刑した。イエスは十字架の上で気を失ってぐったりした。ローマ兵はそれを死んだものと勘違いして、十字架から降ろして、弟子たちに引き渡した。瀕死のイエスは弟子たちの看護で傷が癒えて第二の故郷のカシミールに戻り、八〇歳でアフガニスタンで死んだという、そういう枝葉まで付いている説もあります。日本の仏教界の人もキリスト教批判はしますが、イエスという人間はよく分かるという人が多いです。イエスが仏教徒であった可能性は情況証拠しかありませんが、かなりある。イエスはどうみても、ユダヤの伝統からはみ出しているところがあります。そうすると、ヨーロッパ文明二〇〇〇年の屋台骨だったキリスト教は、歪曲された仏教にすぎなかったことになる。日本人としては、そうした可能性があることを頭の片隅に入れておいていいのではないかと思います。

抹殺されたグノーシス派

次の話に移りますが、キリスト教は四世紀にコンスタンチヌス帝によって公認され、やがてローマ帝国の国教になったわけです。それに関連して、当時、地中海世界には、グノーシス派という宗教勢力があって、彼らもイエスを聖人としていました。このグノーシス派はローマ帝国にとって、都合の悪い宗派だったためにキリスト教を国教にした段階で徹底的に信徒を弾圧し、その文献を破棄したり焼却したりしました。グノーシス派は古代の東地中海世界、エジプトからイランあたりまで一大勢力を持っており、当時はむしろ主流の宗教だったようです。ところがローマ帝国が抹殺してしまったために、どんな存在だったのかがまったく分からなくなっていました。もっぱらキリスト教の教父、神父が異端として誹謗中傷する文献しか残っていないのです。これはソフィストについては、彼らを誹謗中傷したプラトンの著作しか残っていないのと同じです。グノーシス派はキリスト教の聖職者に言わせると、信仰をたんなる知識や認識に還元する、とんでもない異端だという。性的にも淫らであったとか、尾ひれがついた誹謗中傷をしています。

ところが、これは二十世紀の大事件の一つと思いますが、一九四五年にナイル川上流のナグ・ハマディという町でエジプト人の農夫が洞窟の中に隠されていた大きな壺を見つけた。その壺の封印を開けたらグノーシス派の文献がごっそり出てきた。これは迫害されたグノーシス派の人たちが文献を焼却から守ろうとして隠した壺だったわけです。これでグノーシス派についての認識が一新されたのです。この発見は宗教史的には大事件なはずですが、その後、深く研究されてきたとはいえません。キリスト教には都合の悪い発見だったのではあるまいかと思われます。やはり戦後、パレスチナの洞窟でイエスの時代の修道生活の記録である死海文書が発見されましたが、これは大変有名になってよく知られています。死海文書のことはよく知られているのにナグ・ハマディ文書はほとんど知られていません。欧米でも、これを研究する研究者は白い眼でみられたり、場合によってはキリスト教原理主義者に嫌がらせをされたりすることがあるのではないかと思います。これは日本人が研究するしかないのかもしれません。

「グノーシス（gnosis）」は、日本語で「悟り」と訳せるギリシャ語ですが、グノーシス派については特定の教会や教義書があったわけではないのです。いろいろな派がありました。グノーシス派全体にいえることは、仏教との関連は以前から指摘されていました。当時、インドは中東に宣教団をよく派遣していました。イエス誕生前後の東地中海世界にインド思想、仏教がかなり広まっていたことは不思議ではありません。

グノーシス派の一大特徴は、ユダヤ教に対する徹底的な批判です。何を批判しているかというと、ユダヤ教は宗教というよりは政治的な運動といったところがある。エジプトとメソポタミアに挟まれた土地パレスチナの弱小民族であるヘブライ人が、どうやって国際政治の中で生き抜いていくか。これは宗教というよりも政治的な課題です。旧約聖書自体、信仰を説いたというよりは歴史を語ったものです。それも国際政治の歴史です。神は世界を創造したというだけで、どういう神かなど、宗教的な議論はほとんどでてこない。グノーシス派はそれを批判しているのです。政治であって宗教ではない。だから人間を救うものではないというわけです。とくにグノーシス派では、神と区別されたデミウルゴス、これはプラトンも『ティマイオス』という対話篇で使っている言葉ですが、造物主あるいは創造神ですね。これが悪の根源とされています。グノーシス派では、ユダヤ教の神はこのデミウルゴスであり、悪を崇拝している神ということになります。ユダヤ教の神は、苦しみと迷いに満ちたこの世を創造し、恐怖と威嚇で世界を支配し、人間を監視し処罰する邪悪な存在であることになります。

「マグダラのマリアの福音書」

グノーシス派は、宗教とは政治を超えたものであって、ユダヤ教のように神を一種の権力者として捉えるのは根本的に間違っていると考える。神は人間の心、内面にある。だから修行することが必要だというわけです。そうすると彼らの論理は仏教の出家の論理と重なる。そういうかたちでユダヤ教の政治性を批判する。ユダヤ教の神は、その後のキリスト教の神にもなりますから、これはそのままキリスト教に対する批判ともなります。だからキリスト教がローマ帝国の国教となった段階で、徹底的に弾圧され記録も抹消されたのでしょう。

このナグ・ハマディ文書のおかげで、キリスト教の聖書にある四福音書以外のさまざまな福音書があったことが明るみに出ました。その代表的なものがグノーシス派の「トマスの福音書」です。ほかに「マグダラのマリアの福音書」というものもあります。元娼婦でイエスの処刑に立ち会ったマリアです。グノーシス派の福音書では、実は彼女はイエスの妻ないし恋人であって、イエスは十二人の使徒にも教えなかった救いの秘儀をマリアだけに伝えたと書かれています。グノーシス派の特徴として、デミウルゴスの拒絶と並んで女性の高い評価があります。始原の神は男女両性具有の存在だったとされ、人間も男女の性的分離を超越すれば神に似て霊的、精神的に自由になるとされています。グノーシス派といっても、エジプト派、シリア派、イラン派とかいろいろあり、一概にはいえないのですが、当時のこれらの地域ではグノーシス派が主流でしたから、彼らの思想を見直すことで従来の中東の思想史、宗教史の光景は一変することになります。

今の欧米のキリスト教は、あくまでローマ帝国で国教となったキリスト教なのです。それ以前のものではないのです。だからニーチェが批判しているキリスト教もローマ帝国で国教となったキリスト教で、それがカトリックになり、プロテスタント諸派になったものです。アルメニアやエジプトのコプト派のキリスト教を問題にしているのではないのです。このことは押さえておく必要があります。

そうした意味では、ナグ・ハマディのグノーシス派文献の発見は、思想史的には大きな出来事です。私も若かったらこの問題に取り組みたいところですね。この文献に見る限り、グノーシス派はシンクレティズム、諸神混淆で、彼らの思想を仏教の影響だけに帰することはできない。ギリシャ哲学とかも混じっています。けれども仏教の影響はかなり決定的だったのではないかと思います。当時の東地中海世界でインド思想が広まっていたことから考えても、イエスが仏教徒であっても不思議はないわけです。客観的にみても、昔からインドは宗教思想の宝庫でした。それに比べローマ帝国など宗教といえるものが何もなくて、ミトラ教とかゾロアスター教など東方の宗教を輸入していたところですから、東地中海世界にインド思想が広まってもおかしくはないのです。

国教となったキリスト教

キリスト教がローマ帝国の国教になったこともヨーロッパ史の大事件です。これがなければキリスト教文明のヨーロッパは存在しなかったわけです。大帝国の国教にならなければ、キリスト教は各地のさまざまな宗派の一つでしかなかったでしょう。では、なぜローマ帝国がキリスト教を国教としたかについては、私自身深く研究したことはないのですが、常識的にいえば、ローマの支配層、貴族たちのイデオロギーは一貫してギリシャから輸入された哲学でした。キケロとかスキピオがその代表ですね。ローマの支配層にとって、宗教とは愚民統治の手段でした。ですから、いろいろな宗教を手段として使った。その中で、なぜキリスト教が採用されたのか。当時、地中海世界一帯にユダヤ人が移住していて、多くの都市にユダヤ教のシナゴーグがあった。それがユダヤ教の分派としてのキリスト教の足場となって、広がっていった。

キリスト教は奴隷と女性に信仰されました。弱者の宗教だったわけです。それがついにはローマの上流階級の女性にまで及ぶようになった。これはローマの支配層には都合がよかった。わざわざ宣伝しなくても弱者が勝手に自分の運命に慰めを見出している宗教ですから。皇帝ネロなどは、それが分からずに皇帝崇拝に逆らう異教だとして弾圧したけれども、コンスタンチヌスは大衆支配の道具にするのに一番いい宗教だと認識した。コンスタンチヌス自身は、皇帝としてキリスト教を公認した後も政敵を暗殺したり、権謀術数に明け暮れていました。

キリスト教とユダヤ教

次のスキャンダルは、ローマ帝国の国教になった結果として生まれたものですが、ユダヤ教とキリスト教の関係ですね。この二つはまったくの別物ではないわけです。キリスト教の立場はイエスを、旧約聖書を文脈にして解釈します。ユダヤ教は神の律法を忠実に守って生きれば、いずれ神がヘブライ人に約束の地への安住を保証して救ってくださるという希望と期待の宗教です。キリスト教にいわせると、だからユダヤ教は不完全だということになります。イエスの贖罪、死と復活によって救いはすでに実現した。後はこの救いの福音を世界中に広めることだけが課題だということになる。救済はすでに成就されているのだからユダヤ教の律法は無用になったわけです。ユダヤ教の言説が福音の前提になっているために、キリスト教はユダヤ教を踏みつけにし、戯画化する。それによってしか成立しない宗教なのです。キリスト教はユダヤ教との関係においては、そのパロディとしてしか成立しえない、それがヨーロッパの根本問題になってくる。この問題はその後のヨーロッパの反ユダヤ主義にもつながってきます。

キリスト教は、ユダヤ教の旧約聖書を前提としながら、それを戯画化して否定しないと成立しない。このキリスト教とユダヤ教の関係が近代的な進歩という観念の原型なのです。これは物事の改善、改良という普通の意味での進歩ではありません。近代的な進歩の観念はあくまで価値判断です。ヨーロッパは人類の中で文明の進歩を代表していることになっている。どこの民族もヨーロッパ人になる潜在的な素質を持っている。その潜在的素質をすでに完成されたかたちで体現しているのがヨーロッパだとされる。だからヨーロッパは非ヨーロッパ世界に対して進歩を代表していることになる。他者を否定し自分の引き立て役にしてしまう。他者は自分＝主体の引き立て役としてだけ存在することが許される。こうした価値評価としての進歩の理念はヨーロッパに特有のものです。その原型がユダヤ教に対するキリスト教の態度にあるわけです。

キリスト教は完全な宗教であり、不完全なユダヤ教に対する進歩であるということですね。しかし、その進歩の中身というのは、ユダヤ教を貶めることでしかない。キリスト教のどこが素晴らしいという話ではなくて、ユダヤ教は不完全でダメなのだという議論なのです。何が進歩かというと、イエスの死と復活によって救いはすでに達成されたことを信じろといっているだけです。

仏教にもいろいろな宗派があり、教義の違いで論争もあるでしょうが、うちはお前のところより進歩しているといういい方はないわけです。小乗仏教を踏みつけにしないと大乗仏教が成立しないといったことはない。キリスト教は違う。人類はすでにイエスによって救われているのだから、自分が救われていることを知らない気の毒な連中は救ってやる必要がある。そこで欧米人は押し付け親切で福音の宣教をする。

ヨーロッパの世界制覇には世界のキリスト教化の要素があります。日本を占領したマッカーサーも本気で日本人のキリスト教化を考えていたようです。こうした進歩の理念が背景にあるから、ヨーロッパ人の世界征服はジンギスカンの征服とは意味が違う。完成された人間としてのヨーロッパ人が未完成な人間たちに真理を教えて文明化してやるということになる。ですから西洋的な進歩の理念は私の思想史的立場からいうとスキャンダルなのです。

修道士がヨーロッパの個人主義の原型

次にヨーロッパの個人主義といわれるものの起源ですが、ローマ帝国が滅んだ後、アルプスより北の西ヨーロッパはまだ一面深い森に覆われた未開地でした。そこにゲルマンやケルトがいました。ローマ自体も帝国崩壊後は自然経済に戻っていく。その中でヨーロッパのあちこちに修道院ができて、この修道院が古代の遺産をまとめて保存し、そこから中世ヨーロッパ文明が始まることになります。ヘブライズムのユダヤ、キリスト教の遺産と共に、ローマのさまざまな遺産、料理とか技術とかを修道院が保存し発展させて、それが西洋文明の定礎になる。このように西洋文明の基礎が修道院にあるということは、いくら強調してもしすぎることはありません。

修道院は仏教のお寺のように引きこもって修行する場ではなく、ローマの遺産を引き継いだ一種の工場だったのです。ビール、ワイン、ブランデーなどは修道院で開発されたものです。ヨーロッパの料理に香辛料が多く使われるのもローマの食文化が遺産として修道院で保存されたためです。さらに未開のヨーロッパを開拓したのも修道士です。日本でも各地に弘法大師の井戸がありますが、ヨーロッパでは修道士が似た役割を果たしました。とくにベネディクト派の修道院はヨーロッパの修道院の原型になりました。そこで古代ローマの遺産と聖書の遺産が混合し、

「LABORARE EST ORARE（労働は祈りなり）」という労働を神への奴隷的奉仕として行う生活が営まれていました。そうした生活の規律が修道院を工場にしたのです。修道士は「モナコス」と呼ばれていました。これはギリシャ語で「単独者」という意味です。そこで修道院はギリシャ語の「一人でいる（monástein）」から派生して「モナステリー」と呼ばれます。このモナコス、単独者としての修道士がヨーロッパの個人主義の原型なのです。どういう単独者としての個人であるのか。神の前に立つ裸の個人、徹底的に無力であって、神の恩寵を期待するしかない個人、そういう意味では社会資本も文化資本もすべて奪われた裸の個人なわけです。しかも、無力さが強調され、無力であるがゆえに神の恩寵を願うしかない。ヨーロッパの個人主義の原型は徹底的に無力な個人なのです。

無力な個人と緻密な官僚制

個人でも社会生活をする以上は社会資本、文化資本が必要なはずですが、それらを剝ぎ取られた個人だということです。この点、日本人はヨーロッパの個人主義を勘違いしている。ヨーロッパの根本には無力な個人がある。だからこそ、ヨーロッパ文明は他の文明に類をみない厳格で緻密な官僚制を発展させることができました。個人の無力という考えがあるから、個人が組織の歯車でしかないような官僚制を発展させたわけです。これは帝政中国の文人官僚制などとは次元が違うものです。資本主義経済は、個人が組織の歯車でしかない官僚制を前提としています。資本主義というと消費の欲望とか利潤とかいいますが、この経済は国家や企業や学校の厳格な官僚制があるから成立しているわけです。事実、アメリカは市場経済の国だといわれますが、アメリカでいちばん雇用が多いのは公務員です。軍人まで含めるとそうなります。アメリカは公務員の国なのです。

神の前に立つ裸の個人がヨーロッパの個人主義の起源ですが、近代ヨーロッパの個人主義はこの卑下に対する反逆という面があります。そこから近代ヨーロッパの個人主義にみられる独特の攻撃性が出てくるのです。個人は無力感に悩むがゆえに、一転して宇宙の支配者になろうとする。デカルトの「コギト・エルゴ・スム（我思う故に我あり）」では思考する個人は神にも似た世界の創造者になります。無力感に苛まれているからこそ、一転して反逆的、攻撃的な宇宙の支配者になろうとする。この経緯を押さえておく必要があります。ヨーロッパの個人主義は修道士にその原型があることを忘れてはなりません。ヘーゲルが『精神現象学』の末尾で、ゴルゴタの丘で処刑されたイエスを引き合いに出して、「死を耐え死の中に己を保つ生こそ精神の生である」と言っています。これがヨーロッパの個人主義の根本にある思想です。

官僚組織の原型

ヨーロッパの官僚組織の役人のことを「オフィシャル」とか「アドミニストレーター」といったりしますが、こうしたヨーロッパの官職名は教会の役職名からきたものです。それがそのまま国家の役人の官職名になっています。ですからヨーロッパ官僚組織の原型はカトリックの組織です。ローマ教会は十分の一税をすべてのヨーロッパ人から徴収し、ヨーロッパを教皇の権威の下に治めていたわけですから。これはローマ帝国を継承した史上もっとも完成された統治組織といえるでしょう。そしてヨーロッパの個人主義の個人はその起源に遡ると裸の無力な個人だったという留保が付く。それならば個人の尊重といっても、そういう欧米の修道院的個人主義を模範にすることはない。さまざまな民族文化に即してさまざまな個人主義があると考えるべきではないか。

日本の場合、剣道とか華道とか「道」というかたちで自己修養する。これも一種の日本的な個人主義と見るべきではないか。これだけを日本の個人主義とは思いませんが、さまざまな個人主義があると考えておくべきでしょう。むしろ組織の歯車になるような個人を作ってきたのが、ヨーロッパ文明なのです。ヨーロッパ流の「個人の自由」の尊重は、必ず法律至上主義（リーガリズム）にひっくり返る。そして個人の自由を保障するためにも巨大で複雑な官僚組織が必要だという議論になってしまうのです。非公式ないい加減な組織ではダメだ、井戸端会議みたいな組織はダメで、個人の自由を尊重し人権を守るためにも厳格な官僚組織が必要だといった話になっていくわけです。官僚制化で社会を非人間化させないためには、この世は義理と人情だ、日本の寄り合いや講のような組織でどこが悪いと居直る必要がある。厳格な硬直した組織に限って、とんだ暴走をするものです。日本の官僚組織や旧日本軍は「日本的」組織と非難されてきましたが、実は欧米モデルに洗脳された組織なのではないでしょうか。

個人の権利と社会契約

それならば、政治的な意味での個人主義、個人の自由と尊厳を尊重する政治体制という意味での個人主義とはどういうものか。この問いに対して史上初めて明確な答えを出したのは、古代ギリシャのソフィストです。ギリシャ人はピュシス（自然）とノモス（人為的秩序）を明確に区別しました。この区別からミレトスのタレスらの自然学が生まれる一方、諸個人の自由な弁論が織りなす動的な政治秩序というソフィストの議論が出てきました。彼らは国家の秩序は諸個人の合意を根拠に社会契約として成立するものであり、だから法は必要に応じて修正や変更ができる「しきたり（ノモス）」にすぎないと論じました。ポリスは言説の公正な闘技場なのです。これは、プラトンとアリストテレスの「法は個人の主観を超越した正義や善の理想的秩序を反映し、市民を理想で教化するもの」という説とは真っ向からぶつかる議論です。ただプロタゴラス、ゴルギアス、リュコフロンらの議論は僅かな断片しかのこっていないので詳細な中身は分かりません。近代人は彼らの説をどう理解したらいいのでしょうか。

これについては、ルソーの『社会契約論』がきわめて説得力がある議論をしています。つまり、諸個人が自発的に相互に義務と権利を承認し合う。そうしたかたちで個人の自由と共同の公益を生産的に生み出していく。ここでは公的な現実は与えられたものでなく、人びと相互の承認と協力が絶えず生み出していくものですね。『社会契約論』は実はきちんと読まれていないのですが、そうしたダイナミズムを論理的に描いた本であって、国家組織の形式的な図式を書いたものではない。社会は定形化された組織としてあるのではなくて、生成発展する運動としてあるということなのです。

諸個人がダイナミックなかたちで相互の義務と権利を承認し、それを前提にして社会を生産的に作っていく、ルソーの『社会契約論』はとくにヨーロッパ的な政治理論というものではなく、暗黙の社会契約というかたちで、どの社会にも通用するはずのものです。人類学的な原理といっていい。どんな社会であっても、この暗黙の社会契約に反した権力者は、結局は民衆によって統治の正統性を否認されて追放されます。ルソーは、生まれはスイス人ですが、スイスは農民たちの盟約から自ずと国家が生まれた、世界でも例外的な国で、それが彼をすぐれた政治理論家にしたといえるでしょう。

宗教改革と宗教戦争

次に宗教改革とその後の宗教戦争ですが、これもヨーロッパ史のスキャンダルの一つです。しかも宗教戦争それ自体の問題に加えて、欧米人の宗教戦争の評価というか、宗教戦争の記憶を抑圧する仕方がスキャンダルなのです。ヨーロッパ人にとって宗教戦争は社会の破局だったので、辛くて思い出したくもないことなのです。だからこそ宗教戦争を宗教改革ということにして、教会の権威からの理性的で自由な個人の解放という自由と解放の物語にすり替えている。これがスキャンダルなのです。

宗教戦争というものが、ヨーロッパ人にとってどれほどつらい記憶であったか、これは日本人には、よほど想像力を働かさないと分からない。中世のキリスト教世界においては世界を創造した神が存在し、ローマ教皇がその代理人であることが文明の公理になっていました。その公理が揺らいで粉々になった。神と教皇による救いが不確かなものになった。文明の構図が崩壊する体験だったわけです。しかもたんに政治経済システムが混乱したといったものではなく、価値観、世界観が根本から動揺して、この世をどう理解していいか分からなくなった。ヨーロッパは混乱と不安と恐怖に満ちた世界に一変しました。

マルティン・ルターが書いたものを読むとそのことがよく分かります。ルターを宗教改革の口火を切った解放者のようにいうけれど、ルターがどういう精神状態で時代を体験したかが分かります。価値観と社会の破局に対する応答として、ルターの改革が生まれたわけです。日本で平安朝末期に末法思想が流行ったとかいう次元の問題ではない。あれは武士の台頭で平安貴族たちが没落を予感して少々鬱になった程度のことでしょう。それに仏教はもともと諸行無常ですから時代の転変は大したショックにはならないでしょう。

近代は宗教戦争から生まれた

そのうえ宗教戦争がヨーロッパに及ぼした惨害は、二十世紀の二つの大戦よりひどいものでした。当時の兵器はローテクですが、経済が発展していませんから、一旦破壊されたものは簡単に復興などしません。住民が都市ぐるみ虐殺されるといったことが、ざらにありました。人口と経済に及ぼした破壊的な影響は世界大戦より大きかったのです。精神的破局だけでなく、物理的な破局も凄まじいものだった。これは欧米人には思い出したくないことです。だから欧米人は話を宗教改革に限定してローマ教皇の権威からの解放の話にすり替えてしまう。

もう一つ、この分裂と抗争でローマ教会の権威によってヨーロッパ世界を統一し、政治的に組織することが不可能になった。そこで世俗的な国家というかたちで社会を再組織しなければならなくなった。だからそのような意味で近代ヨーロッパは宗教戦争の産物なのです。決してルネサンスではない。ルネサンスは上流社会だけが関与した文化的な現象であり、大衆を巻き込むものではなかった。社会、経済、思想、全部を巻き込んだのは宗教戦争で、宗教戦争の帰結として近代ヨーロッパの思想や政治体制が生まれてきたといえます。

そこからウェーバーがいうようなプロテスタンティズムが資本主義の〈精神〉になるという関係が生まれてくるわけです。この時代にデカルトは「我思う、故に我在り」で自分の思惟以外のすべてを疑いました。神の福音が不確実になったことがデカルト哲学の生まれるきっかけになっているといえます。デカルトも宗教戦争に絡んで亡命しているわけで、そんな時代でした。

近代ヨーロッパ思想の特徴として、確実性の探求がありますが、それによって近代のヨーロッパ哲学は認識論を発展させることになった。これも宗教戦争の遺産ですね。確実性の探求というかたちで救いを求める。それがヨーロッパ的合理主義、イデオロギーとしての合理主義を生み出していく。

不安としての資本主義の精神

実際、プロテスタンティズムは、自由と解放の物語というより、神に見棄てられたのではないかという不安の物語ですからね。それこそ資本主義の精神病理にもつながってくるものです。プロテスタンティズムでは、ひたすら信仰することによってしか人間は救われない。しかも神が自分の救済を予定しているかどうかは不確実です。だからなおさら信仰にすがる。これは理屈ではない。ルターは「信仰のみ（sola fide）」と言いました。これに加えて万人祭司説があります。プロテスタントにおいてはカトリック教会のような聖職者と信徒の区別はなく、すべての人間が祭司であり修道士です。キリスト者の原型は修道士ですから。万人がまさに修道士になり無力で裸の個人に戻ったわけです。

そしてウェーバーがいうように、不確実な神による救いを確実なものにしようと、現世内禁欲によって富を蓄積することが救済の代用品になる。経済的成功や権力エリートとして出世することが救いになる。無力な裸の個人の不安が近代ヨーロッパを支配してきた。修道士がこの世に飛び出したのです。アメリカなどその典型で、アメリカ人は一見、消費の快楽にどっぷりつかっているように見えますが、アメリカ史では宗教的な不安が再三復活してきます。今のキリスト教原理主義もその例です。

略奪の上に資本主義は成立した

先ほど、キリスト教の教義に進歩の理念の原型があると話しましたが、この私の議論にとまどう人もいると思います。キリスト教は来世とか時の終わりとかにこだわる宗教ではないか。むしろ近代の進歩の理念とは正反対の宗教ではないのか。しかしヨーロッパ人が来世や時の終わりを安んじて信じられたのは、神の救いが確かだった中世のことでした。この救いが不確かになり、この世の富と権力で成功することが救いの代用品になった。そこから近代の進歩の理念が生まれたのです。だからこの理念は中世キリスト教世界とその宗教戦争による社会の破綻を抜きにしては理解できません。日本、中国、インド、イスラムなど非キリスト教世界が進歩の理念を知らなかったのもこのためです。

しかし近代ヨーロッパは、宗教戦争がもたらした不安を抱えながら、アメリカの征服をきっかけに一転して物質的に繁栄していく。この思わぬ奇跡のような繁栄の中で、当初の不安は次第に文明の進歩という思想に変わっていきます。そこで宗教戦争は自由と解放の物語に作り変えられる。ただし進歩という思想がはっきり現れてきたのは十九世紀のことです。それまでは欧米にも進歩の信仰というものはなかった。

コロンブスによるアメリカ大陸の発見は、ヨーロッパの資本主義の誕生にとって決定的な出来事でした。コロンブスは伝説の黄金の国ジパングを目指してセビリヤを出港しました。そして彼の航海はただちにコルテスやピサロなどスペイン人征服者によるアステカやインカ帝国からの金銀の略奪につながりました。彼らが略奪した膨大な金銀がヨーロッパ経済の資本主義的発展のための原資になったのです。

勤勉に働いて、才覚を発揮したので資本主義が発展しましたなどというものではなかった。初めに略奪があったという点で、資本主義と商業一般を区別しなければならないのです。江戸時代の大坂商人もアコギな商売をした者もいたでしょうが、略奪をしていたわけではない。ヨーロッパの資本主義社会には最初に略奪があった。膨大な金銀を対価なしに手に入れるというタナボタがあった。資本主義は一貫して略奪の要素を持っている。だからこそ資本主義なのです。マルクスは十九世紀のドイツ人だったので、スペインや英国の植民地経済をあまり知らなかった。だから近世英国での囲い込みによる農民からの土地の収奪が原始蓄積を可能にして資本主義が生まれたと考えていた。その前にアステカやインカからの金銀の略奪があったことを知らなかった。ウェーバーも、そのへんはよく知らないです。ドイツ人は植民地を持ったことがなかったから、略奪的な植民地経済を知らなかった。そこに理解の欠落があります。

近代ヨーロッパの資本主義は、アメリカ大陸の略奪なしにはありえなかった。これは前著『グローバリズムの終焉』で書いているので、繰り返しません。ただここで強調しておきたいのは、コロンブスの新世界アメリカの発見とルター以来の宗教改革と宗教戦争、この二つには因果性はないのですが、歴史的に同時だったということです。これが結果的に重なり合って、近代世界の連関を作りだした。結局、宗教戦争で破綻したヨーロッパがアメリカの略奪によって物質的に裕福になり、それが救いに代わって進歩を信仰する世界を生み出したということです。本来は不安から生まれた近代の個人主義とか世俗的国家とか、そうしたものが肯定的な目標、ヨーロッパ人に幸福と栄光を約束するものになっていく。宗教戦争が提起した問題は解決されないまま棚上げにされてしまったのです。宗教の破局がもたらした精神の空白は、アメリカの征服による経済の空前の繁栄によって埋め合わされた。そこから経済の発展が宗教的な祝福や救済の意味を持つことになった。これが近代欧米の「進歩」の理念の正体なのです。

アメリカとヨーロッパ

アメリカの略奪の要点ですが、生産の三要素は資本と労働と土地ですね。ただ歴史を通じて、労働と土地の対価は高いものであった。金のある人間が生産のための道具や設備を買えば、それは資本になりますが、労働と土地は歴史的に安くなかった。加えて労働と土地にまつわる政治的、宗教的、文化的な制約もいろいろあった。だからたとえば、江戸時代の大坂商人がいくらがめつく商売をやっても儲けはたかが知れていた。ところがヨーロッパ人は、広大で資源に富む南北アメリカ大陸をタダで手に入れた。アメリカの原住民はヨーロッパ人が持ち込んだ病原菌に感染して何百万という単位で死んでいったので、武力行使というコストも払わずにタダで手に入れた。労働力としてはアフリカから黒人を運んできて奴隷にし、その後インド人とか中国人なども使った。労働と土地がタダだったら、資本は労働と土地を資本の道具として自由に使えることになる。それで大儲けして、長期的な投資に回せる資本を蓄積できる。長期的投資が可能になるから資本主義が発展するわけです。長期的、継続的で、拡大する投資なしには資本主義はありえません。あぶく銭を儲けても資本主義にはなりません。

ところで、私はこれまで「ヨーロッパ」について語ってきましたが、このヨーロッパという観念はどのようにして生じたのでしょうか。中世のヨーロッパはすなわちキリスト教世界でした。それがどうしてヨーロッパ、それも人類の進歩を代表する存在としてのヨーロッパに変わったのか。私の見解では、この観念はヨーロッパ人が南北アメリカ大陸を略奪し、支配したことの反作用として生まれたものです。コロンブス以後、新世界アメリカに対峙する旧世界としてのヨーロッパ、さらに未開のアメリカに対する文明化されたヨーロッパという観念が生まれた。アメリカとの相関と対比でヨーロッパという観念が生まれたということです。だからこの観念は地理学的なものではなく、東欧を含んでいません。

啓蒙主義は党派イデオロギー

そして一連のスキャンダルはアメリカの略奪で終わったのではない。私のみるところでは、十八世紀ヨーロッパの啓蒙主義もスキャンダルです。お話ししたように、宗教戦争がもたらした不安が、アメリカの略奪と征服によるヨーロッパ経済の繁栄によって自己満足に変わっていった。この自己満足を代表しているのが啓蒙主義なのです。啓蒙主義の起源は十七世紀にありますが、十八世紀がその頂点でした。ただ、指摘しておきますが、啓蒙主義は、当時のヨーロッパの知識人とエリートの思想であり、教養人ぶりたい王侯貴族や上流社会のサロンでもてはやされたものです。民衆は無縁でした。また統一された教義や教典があったわけでもありません。啓蒙主義者にもっとも影響を及ぼしたのは英国のジョン・ロックでした。フランスのいわゆるフィロゾフといわれた啓蒙主義者は、みなロックのブルジョア哲学の祖述者だったといっていい。『哲学書簡』

でイギリスを礼賛したヴォルテールなどその典型です。

そして啓蒙主義はキリスト教の教会と聖職者を目の敵にする一種の党派的イデオロギーでした。だから啓蒙主義を十八世紀における科学の発展とごっちゃにしてはならない。十八世紀には、いい意味での知の拡大があって、大航海時代以来さまざまな異質な社会に接したことによる人類学的な思想の発展とか、リンネの植物学とか、ビュフォンの博物学とかも生まれた。これらの科学の成果は啓蒙主義の産物ではありません。

啓蒙主義は政治的イデオロギー、キリスト教を迷信とし敵視した破壊的性格を持つイデオロギーなのです。キリスト教を知のレベルで迷信として攻撃し、キリスト教の原罪の教義に対立して、人間は基本的に善良で理性的な存在として完成していると論じる。この世に善良でも理性的でもない人間がいるとすれば、それは教育が足りないからだ。教会の迷信や権威が人間を抑圧して偏見にとらわれた邪悪で愚かな存在にしている。だから教会と聖職者の影響力を一掃すれば、人間の善良で理性的な本質が自ずと開花することになる。これはキリスト教の原罪の教義をそのまま一八〇度ひっくり返したような議論です。

ルソーの啓蒙主義批判

今述べたあたりが、ルソーは啓蒙主義者ではない所以なのです。ルソーとヴォルテールは十八世紀フランスの文人としてよく一緒にされますが、ルソーは啓蒙主義者ではありません。ルソーはパリの党派的な啓蒙主義者たちと対立し、それで迫害されました。ルソーの視点では、人間は初めから完成された存在ではない。人間は善良で理性的な存在でありうるけれども、そうであるための条件とは簡単なものではない。生物学的な種としての人間にはさまざまな欠陥がある。原罪は教会の虚構だとしても、安易に人間を賛美してはいけない。動物には集団形成の本能がある。ところが人間は社会分業のために密接な協力が必要なのに、集団形成の本能を持っていない。だから人間は本能ではなく文化と政治によって社会を形成しなければならない。しかも人類の文明はこの種としての欠陥を是正するどころか欠陥を拡大するかたちで発展してきた。だから文明化を手放しで賛美するのは危険なことである。ルソーにすれば、善良で理性的な人間が相互に利益を確認し合えば完全な社会ができるなどというのは欺瞞か錯覚なのです。

ルソーから見ると啓蒙主義者はキリスト教を迷信として批判しながら、その神学的議論、原罪の神学を理性の神学にひっくり返しているだけなのです。啓蒙主義者のいう理性とは、キリスト教神学では「ルーメン・ナトゥラーレ（自然の光）」と呼ばれたものです。啓蒙はフランス語では〝lumiéres〟、英語では〝enlightenment〟です。いずれも光という言葉が入っています。理性の光明さえあれば世界と人間は完全なものになるというのは、結局、神学的な議論なのです。啓蒙主義者がキリスト教を迷信として攻撃したことは、初期中世にカトリック教会が西欧各地に民俗として根付いていた土着の信仰や風習を迷信として撲滅しようとしたことにそっくりです。どちらも「正しい思考様式（ORTHO-DOXY）」を定め、それから外れる思想を異端や迷信として排除し禁圧しようとします。これは身体や財産でなく思想を冷酷に改変し支配する権力、ジョージ・オーウェルが小説『一九八四年』で描いた、思想犯罪を取り締まる思想警察です。ルソーは、その後半生で、パリの啓蒙主義者たちという思想警察によって監視され迫害されたといえるでしょう。この点で啓蒙主義者は、宗教戦争がもたらしたアングスト、不安が文明の物質的な改善で幸福感、自己満足感に変わっていった過程を代表しているのです。啓蒙主義者のこうした、人間は理性的存在として完成されうるという議論からは、人間は教育によっていくらでも改造できるという『人間機械論』のラ・メトリーのような思想が生まれてきました。これが啓蒙主義の中のもっともスキャンダラスな要素でしょう。

なぜヨーロッパ史はスキャンダルになったか

ところで、なぜヨーロッパの歴史は一連のスキャンダルの歴史となったのでしょうか。

たとえば中国、インド、中東やインカ帝国の歴史にスキャンダルの要素はなかったのでしょうか。人類の歴史はどこでも基本的に富と権力を握る者の悪が栄える弱肉強食の歴史でした。これは歴史の事実であってスキャンダルではありません。スキャンダルとは常に権力に関わるもの、権力の隠されていた醜悪な正体が露見することです。しかし、中国の皇帝は西域に討伐の軍を送るに際して、覇道を王道と言いくるめることはありませんでした。ムハンマドの時代のイスラムは、自分たちの戦争が征服される人びとにとっては聖戦ではありえないことを承知していました。

そして、イワン雷帝やピョートル大帝のロシアも普通の帝国でした。ところが、ヨーロッパの思想に感化されたボルシェヴィキが作りだした旧ソ連は二十世紀最大のスキャンダルになりました。ヨーロッパ文明の特徴は、権力と覇権の飽くなき追求が真理や理想や普遍的正義の名の下に知的に正当化されてきたことにあるのです。この文明には暴力が潜在していますが、それは知に構造化された暴力なのです。広島と長崎に投下された原爆はそういう暴力が発現した例と言えるでしょう。

そして一連のスキャンダルの発端は、四世紀にコンスタンチヌス帝が発したミラノの勅令によってキリスト教がローマ帝国で公認され、やがて国教になったことにあります。先に話したようにローマは共和政を廃止することなく形骸化させるかたちで帝政に移行しました。だから、皇帝は臣民の生殺与奪の権を握っていながら、「同等者中の第一人者（PRIMUS INTER PARES）」ということで「元首（PRINCEPS）」と名乗っていました。これ自体スキャンダルですが、キリスト教を国教にした権力者の愚民政策によって、この建前と実態の分裂がさらに深まったのです。

というのも、これはギリシャ哲学とイスラエルの一神教を強引に接合することを意味していたからです。これは水と油を混ぜ合わせることです。ローマの裕福な貴族支配層の思想的支柱は一貫してギリシャ渡来の哲学でした。彼らはその中でもヘレニズム世界に広まったストア派の哲学を信奉し、この哲学の核心には自由意志の教説がありました。古代ギリシャ語には「意志」にあたる言葉はありません。だから、たとえばアリストテレスは『ニコマコス倫理学』で個人にその行為の責任を問える条件を詳細に論じていますが、その中に「意志」という言葉は出てきません。「意志」の観念はストア哲学における自由と必然の対立から生じたものです。ストアはソクラテスとプラトンから徳は知であり、人は哲学の「パイディア（教養）」によって向上しモラルのある幸福な存在になれるという説を継承する一方、ギリシャの自然学から決定論的宇宙観を引き出しました。そして人は、宇宙を支配しているロゴスは神の摂理でもあることを哲学によって認識し、自然に従って生きることで内面的に自由になると論じました。

水と油の相克――西欧のキリスト教文明

人間は奴隷の境遇にあってさえ哲学によって内面的に自由になれるというこの説は、ローマで歓迎されました。ストア哲学者だったマルクス・アウレリウス帝がその見本ですが、ローマでは皇帝さえ奴隷制度に縛られた奴隷にすぎなかったからです。自由意志の観念の背景には奴隷制の社会がありました。他方でユダヤ人の聖書においては、この世のすべての出来事は神によって予め決められています。そして、アダムとイブが知恵の木の実を食べたことによって、人間は楽園から追放され、その後の人間は世界のすべての出来事を予定し動かしている神意を知ることはできない。人間は神が布告した律法に二心なく服従しながら神の恵み、深い配慮を祈り願うことしかできない。

このようにギリシャ哲学とユダヤの聖書は思想としては水と油です。しかし、この矛盾はローマ帝国においては深刻な問題にはなりませんでした。ローマの富裕な貴族的支配層の思想的支柱は常に哲学であり、彼らにとって宗教は無知な愚民を欺き操るための政治的な道具にすぎなかったからです。だからキリスト教が国教になった後も皇帝たちは相変わらず権謀術数に耽《ふけ》り、キリスト教徒らしく振る舞った者など一人もいません。

しかし、ローマ帝国の滅亡後にアルプス以北の未開な西欧で、帝国の遺産を土台に中世キリスト教文明が誕生したことで問題が表面化してきます。ローマでは権力エリートのご都合主義的な政策の産物だったことが、ここでは新しい文明の思想的定礎になってしまった。その結果、ギリシャ哲学とヘブライの一神教は水と油であるためにキリスト教文明は絶えざる混乱、分裂、危機に苦しむことになりました。水と油は溶け合うことがない。こうしてヨーロッパは、知と信、理性と啓示、トマス・アクィナスの実念論とオッカムの唯名論の矛盾と相克に悩まされることになる。近代においては、それは十六世紀の宗教戦争の時代のエラスムスの自由意志論とルターの奴隷意志論の対立、あるいはカント哲学における理論理性（知）と実践理性（信）への理性の分裂として繰り返されます。

そして、すでにローマ帝国の時代にもキリスト教会の内部では信と知の相克は深刻な問題であり、論争が絶えませんでした。二世紀のローマ領アフリカの護教家テルトゥリアヌスは「三位一体」という言葉を初めて使った人で、西方キリスト教会の神学の創始者とされていますが、彼はキリストにおける神の受肉について、「それは矛盾なるがゆえに信じるに値する」と言いました。

この自由意志と神の意図の問題で論争の焦点になったのは原罪の教義でした。四世紀のケルト人の護教家ペラギウスは自由意志論に傾き、神に服従するか否かは人間の自由であり、人間は自力で道徳的に向上することが可能で、神はそれに助力するだけと主張したようです。これは当然、予定説と原罪の教義の否認につながる。聖アウグスティヌスはこのペラギウスに対する反論によって、後のカトリックやプロテスタント諸派の神学の定礎を据えました。彼は、神の恩寵なしには人間は聖者でさえ罪人にすぎないと反論しました。後にルターが同じことを激烈に主張し、それが宗教戦争を惹き起こしました。大方の日本人にはペラギウスの方に道理と常識があると思えるでしょう。しかし、ヨーロッパでは、常に異端者は原罪を否定するペラギウス主義の嫌疑をかけられてきたのです。

産業革命の神学、マルクス主義

この哲学と聖書の相克が、ヨーロッパの歴史が一連のスキャンダルの歴史になった根本原因です。そして、キリスト教文明は結局、テルトゥリアヌスの「それは矛盾なるがゆえに信じるに値する」を超えたことがないのです。ちなみにマルクスの革命論もユダヤ系ドイツ人のマルクスが哲学と聖書、アテネとイエルサレムを強引に合体させようとした試みから生まれたと言えるでしょう。

後でお話ししますが、ヘーゲルが哲学を歴史哲学に解消させました。そこでヘーゲル左派だったマルクスには、ヘーゲル哲学は歴史に秘められた神の救済計画というユダヤ思想と統合できるように思われた。その背景には産業革命による十九世紀の世界の急速な変貌がありました。マルクスにおいては生産力の発展や階級闘争の論理は、歴史を司る隠れた神意の役割を果たしています。マルクス主義は、いわば産業革命の神学なのです。マルクスはヘブライの迫害された神の選民を工業プロレタリアートに置き換えました。そして工業化する社会の苦痛にみちた変動を、人類が共産社会という約束の地に至る茨の道として説明しました。

この教説は社会の激変に翻弄される人々に、キリスト教がローマの奴隷に与えたものに似た慰めと希望をもたらしました。これは理論ではなくトラウマに対する心理的補償の問題です。ですからロシア革命が収容所列島を作り出した後も共産主義者は現実を否認し、これはレーニンやスターリンがマルクスの聖典を曲解したせいだと言い張りました。そして、この神学を教理として独断的に信奉したソ連共産党は、ロシアの文化と国土をかつてない規模で荒廃させることになりました。こうした点では、マルクス主義はヨーロッパが世界を巻き込んだその最大のスキャンダルだったと言えるかもしれません。ではどのようにしてマルクスの革命論は、そんな世界的なスキャンダルになったのでしょうか。

第2章　革命について

——革命神話はどのように生まれ、伝播したか

革命の背景にあった人口圧力

ヨーロッパの歴史を十八世紀の啓蒙主義に至るまで一連のスキャンダルの歴史として語ってきましたが、次にヨーロッパの近現代史を私なりに再検証するという話に移りたいと思います。まず、フランス革命です。これはまさに近代世界を一変させた出来事だったわけですが、では、この革命は何を意味していたのかということから、お話ししたいと思います。

フランス革命の背景に何があったのか。これは人口圧力です。宗教戦争で荒廃したヨーロッパですが、フランスはルイ十四世以来の絶対君主制の下で国内の平和が達成され、アメリカからの富も流入してくるし、かなり経済が発展しました。アンシャン・レジーム（旧体制）の間にフランスの人口は激増したのです。しかし、農村では相変わらず、富裕層の不在地主がはびこっていて、農民は困窮していた。食い詰めた農民が都市に流入して、パリなど現在の第三世界の都市を思わせる状況になっていました。貴族やブルジョアジーなど地主層が栄耀栄華を享受するその一方、都市では貧民窟が増えるという状態で、ルソーは南仏から初めてパリに出てきた時に、貧富の差の大きさにびっくりしたわけです。当時、パリにいた若い娘の一〇人に一人は売春婦だったという話があるくらいです。

そうした人口圧力の増大があって、過剰人口を吸収するような工業化も進展していない。この状況は二十世紀初めのロシアや中国と同じものです。ロシアや中国の革命の背景にはやはり人口圧力があったのです。農村の人口爆発があった。中国の場合、すでに十九世紀の太平天国の乱は人口爆発が原因でした。それに清朝の儒教国家体制では対応できず、中国は分裂と混乱の時代を迎えます。結局、人類の社会にとってもっとも重要な問題は、人口と資源の生態学的なバランスです。このバランスの崩壊は社会の大変動を惹き起こす。近代の革命は、この生態学的、人口学的な危機が表面化したものでした。しかし、人口と資源の問題だけでは革命は起きない。フランスには、革命を鼓舞するような文化、思想の動きがあったわけです。

近代革命のモデルはアメリカ

当時のヨーロッパでは、海洋商業帝国にのし上がった英国が近代化の先頭を切っている国でした。フランスは、もっぱら英国の後追いをしていました。だが、その一方でヨーロッパの中華といった意識もありますから英国に対する対抗意識も燃やしていました。十八世紀の七年戦争は史上最初の世界大戦ともいわれますが、カナダなど北米の植民地をめぐる英国とフランスの争いでした。当時の戦争は支配階級が傭兵を使ってやっている戦争で庶民には関係なかったのですが、英国に比べると経済基盤が弱いフランスはこれで疲弊して、財政危機に陥ったのです。その財政危機を解決するために一七〇年ぶりに三部会を招集することになった。これは聖職者、貴族、平民からなる身分制議会です。この三部会の招集が革命のきっかけになりました。財政問題を解決するために王国を立憲君主制に変えるという穏健な体制改革の動きにすぎなかったものが、熱狂的な革命に発展した。なぜこんなかたちで王国の政治状況が急変したのか。その最大の要因として、改革派のフランス人には大西洋の対岸にアメリカ独立革命というモデルがあったことを指摘できると思います。この革命は三部会招集の僅か一三年前のことでした。

フランスは英国との対抗上、アメリカの独立を応援しました。貴族のラファイエットが独立戦争に参加したりしました。だから後にニューヨークにフランス製の自由の女神を建てたりしたわけです。フランス人にはアメリカの独立革命という先例があったのです。

近代革命というと、その前に十七世紀の英国（清教徒）革命があります。国王を処刑するに至ったこの革命は、当時は革命ではなく「大叛乱（Great Rebellion）」と呼ばれました。その後、「名誉革命（Glorious Revolution）」で王制が復活し、英国はエリートが議会によって統治する国に変わります。ここで史上初めてレボリューションという言葉が使われました。レボリューションは本来の意味では、天体の公転などをさす言葉です。一度は王を処刑した国で王制が復活したので、一回転して元に戻ったということでレボリューションが使われたわけです。

そうした意味では、まったく新しい社会を作るという意味でレボリューションという言葉が使われたのは、アメリカ独立革命が最初でした。アメリカは中世という過去を持たない新天地の移民の国だから、理想の体制を設計してそれをゼロから意識的計画的に実現することが可能だと考えた。この例がフランス人に影響を与えた。アメリカ革命が霊感になって、歴史をチャラにする、歴史をゼロにリセットして理想の社会を作ることがフランスでも可能だと考えるようになった。この霊感なしにはフランス人の革命熱はありえなかったでしょう。

米ソ冷戦の影響でアメリカは保守的な国ということになっているので、近代の革命主義のモデルはアメリカであることが忘れられています。いわゆる左翼の思想的出自はアメリカなのです。左翼は歴史をチャラにし、リセットして理想の国を作れると信じている。この思想はアメリカ革命が原型で、アメリカの歴史をなぞったものです。だから左翼の故郷は実はアメリカです。終戦直後に日本共産党が占領軍を解放軍と規定しましたが、あれは間違っていなかったということですよ。

フランス革命とナポレオンの独裁

しかし、フランス革命は社会のひどい混乱と破局に終わりました。結果的に革命が貴族の不在地主を追放して小農民層に土地を再分配したのは事実ですが、これは革命の主目的というより思わぬ副産物で、革命でもっとも恩恵を受けたはずの農民層も革命をパリによる地方の支配とみなして、むしろ革命に反感を持つことが多かったようです。では、なぜ革命が理想社会の建設どころか社会の破局をもたらしたのか。その主な理由は革命派のとんだ時代錯誤にあります。国王が招集した三部会はまず憲法制定議会になり、ついで革命派と保守派が血みどろの党派抗争を繰り広げる革命議会になっていきました。そして最後には、言い争いに負けた議員がただちに断頭台に送られる恐怖政治が出現しました。状況をこのように変えたのは、議会の主導権を握った平民出身のジャコバン派です。彼らが公安委員会を作り一党派による事実上の独裁を目論んだ時、恐怖政治が始まりました。彼らはとことん非妥協的でした。というのもジャコバン派は「美徳の共和国」を国家の理想として掲げ、フランスをその理想に従わせようとしたからです。この点が、まったくの時代錯誤なのです。

宗教戦争以後のヨーロッパでは、特定のモラルや価値観で社会を統一することは不可能になりました。人びとは共通の道徳的理想ではなく、利害と心情で結びつくことになった。ホッブズもルソーも、近代の政治理論家はこの現実を明確に認識していました。だから「美徳の共和国」は時代錯誤な思想であり、それが原因で革命は恐怖政治と社会の破局に行き着いたのです。

このジャコバン派指導者たちの錯誤は、おそらく彼らが青少年期にイエズス会の学校教育を受けたことにあります。イエズス会はカトリック教会が宗教改革で台頭したプロテスタント勢力に対抗するために作った組織で、教育ではギリシャやローマの古典を重視していました。だから多くの平民の子弟がプルタルコスなどの古代偉人伝に親しんでいました。ジャコバン派の指導者たちは革命議会でカトーやキケロを演じ、政敵の暗殺などざらにあった古代ローマの政界を再現していたのです。

結局、彼らの革命政治がもたらした混乱は、ナポレオンの軍事独裁によって収拾されるほかはありませんでした。フランスが自由・平等・友愛の国というのは神話であり、フランス人の自己欺瞞です。近代フランスはナポレオンが作り上げた国なのです。今でもフランスはナポレオンが作ったエリート養成校であるグランゼコール出身の政財官界のエリートに牛耳られています。エリート的国家主義のフランスは軍人出身のドゴールに代表される家父長的権威主義の国なのです。

しかし、左翼の元祖であるジャコバン派の革命政治を茶番だったとして簡単に片づけるわけにもいきません。フランス革命は、国家が未統一だった後進地域ドイツの知識人に圧倒的な影響を及ぼしました。革命が勃発した日を毎年酒杯で祝っていたというカントは哲学におけるジャコバンでした。ヘーゲル哲学は、フランス革命とナポレオン戦争を古代以来の西洋哲学の視点で総括した歴史哲学といえます。いうまでもなく、このヘーゲルにマルクスが続く。カント以来ドイツの思想家たちはフランス革命をどう解釈するかという問題でしのぎを削っていました。そしてマルクスの教義を信奉したレーニンらロシアのボルシェヴィキは、まさしく二十世紀のジャコバン派でした。だがドイツやロシアの革命派が神話化したフランス革命なるものは、実際には時代錯誤な理想が惹き起こした社会の破局に終わりました。だからボルシェヴィキが作った旧ソ連が国家的テロに走り、最後にあっけなく崩壊したことは不思議ではありません。

フランスと英国に圧迫される後進地域ドイツ

近代ドイツはフランス革命とナポレオン戦争のショックで生まれた国です。フランス革命当時のドイツは宗教戦争で疲弊した後進地域で、神聖ローマ帝国という中世以来の名の下に、無数の小さな貧しい領邦国家にわかれていました。十九世紀のドイツは隣国フランスに成立した中央集権国家、かつての君主制国家と比較にならない軍事的に強力な国家の圧力をうけることになった。さらに産業革命が進展している英国からの圧力があります。英国製の安くて質のよい商品の流入でドイツの経済は破綻していくという状況があった。十九世紀のドイツは英国とフランスの二つの圧力の下にあったわけです。この圧力に対抗してドイツの知識人や思想家はナショナリストにならざるをえませんでした。

ヘーゲル哲学もそうした面があるわけです。ヘーゲルはジャコバン派について空理空論に走って自滅したと厳しい評価を下しています。彼の「精神」の哲学はナポレオンがフランス革命を収拾したことを是認し、ナポレオン戦争の意義を解説するものでした。美しい理想主義に感傷的に固執する一部の知識人の態度を「心情の粥」と呼んで切り捨てています。イエナの会戦でナポレオンが勝利をおさめた時、それを目撃したヘーゲルは友人に「今日、馬上の世界霊魂をみた」と書いています。

さらにマルクスの議論も英国とフランスの圧力に曝《さら》された当時のドイツの状況から生まれたものです。一方に英国の産業革命があり、一方ではフランスの中央集権国家がある。この両国に挟まれたドイツの現状をどう考えたらいいのか。そこで彼は、生産力の発展が政治的旧体制を破砕するという英仏の事態をごった煮にした理論を作りだしたのです。

近代ドイツの誕生

しかも重要なことは、結局、ドイツは自らの力では近代化できず、ナポレオン軍の占領を契機に近代化されたことです。ドイツは占領軍による上からの改革によって近代的な市民社会になった。マルクスはナポレオンによって占領されたライン地方の生まれです。この地域では戦争という暴力が体制を変革した。だから「暴力が新しい社会を生む産婆である」というマルクスにおける革命のイメージは、実はナポレオン戦争のイメージなのです。

やがてドイツはプロイセンの軍事力と経済政策によって国家として統一されドイツ帝国が誕生します。しかし、このドイツ帝国の近代化は英仏両国とはまるで異質なかたちをとりました。英国の近代化は、海賊国家だった国がいつしか大海洋商業国になっていったことに起因する、かなり偶発的な過程でした。だが、後発国で植民地もなく産業も商業も未発達なドイツでは、近代化は国家によって意識的計画的に推進されるほかはなかった。このドイツの近代化の特徴は、科学技術による自然の開発利用、いわば自然の〈植民地化〉が植民地の代わりになったことです。この科学技術を発展させる戦略基地になったのが大学でした。ドイツほど大学が戦略的に重要な役割を演じた国家はありません。だからプロイセンがドイツを統一すると共に近代的な大学としてベルリン大学が創設され、ヘーゲルがその初代総長になったことは、きわめて重要な意味を持っています。

またドイツ帝国はフランス革命の経緯からも統治上の教訓を学びました。革命で社会が混乱した原因は飢えた貧民の大群にあるとみたドイツは、失業、労災、疾病などの社会保険を整備して史上初の福祉国家を実現し国家の安定を図りました。

近代化のドイツ・モデル

今のドイツは一流の工業国ということ以外には、あまりパッとしない国ですが、思想史の視点からは重要な国です。なぜかというと、資本主義は世界史的な普遍的必然的な現象という思想は、十九世紀ドイツの産物だからです。英国は歴史的偶然的な要因が重なって、いつの間にか海洋商業国になり、それで資本主義が発展したわけです。フランスはある程度は英国の後追いというかたちで、植民地を作ったり、奴隷貿易をやったりした。ドイツの場合は、そうした近代化の歴史的条件がなかった。そういう国が英国やフランスに対抗して近代的な資本主義国になろうとした。その結果、ドイツは権力エリートによる意識的計画的な上からの近代化の普遍的でグローバルなモデルになったのです。英国とフランスの資本主義的発展には海外貿易と植民地経営という歴史的に特殊な条件があった。だがドイツ帝国は、そうした条件がない国でも近代化工業化が可能であることを示し、そのおかげで、資本主義は人類史の普遍的必然性だということになったのです。そこから、またマルクスの、資本主義は普遍的必然性だが、それは共産主義によって人類が必然から自由へと飛躍することを可能にする必然性でもあるという議論が出てきた。だからドイツは国家主義的近代化のモデルになると同時に、左翼革命主義の本場にもなった。

その点に十九世紀のドイツ思想の重要性があるのです。そしてドイツの知識人にはフランス革命の神話化という共通の要素がありました。当時のドイツは革命などまったく考えられない地域であっただけに、ドイツ人には隣国フランスの革命は世界を一変させる神話的黙示録的な出来事に見えたのです。革命は闇に包まれた世界に突如差し込んだ光明でした。革命はまた、歴史をひそかに支配している普遍的なロゴスの啓示でもあるように思われた。もちろん革命を神話的な出来事にしてしまったドイツ人は、その実態を知りませんでした。ジャコバン派の時代錯誤やあくまで軍人だったナポレオンの権威主義に気が付いていませんでした。とにかくドイツ人の革命観は政治学ではなく宗教学の領域に属します。そしてドイツの思想家が作り上げた「革命による人類の救済」という神話はまずロシアに広まり、ついでロシア革命の衝撃が二十世紀の世界を揺るがすことになったのです。

ロシア革命とミメーシス（模倣による伝播）

ロシア革命はドイツ哲学の産物でした。ヘーゲル哲学においては、世界史を支配するロゴスがあります。このヘーゲルの歴史哲学は、「歴史は神による人類の救済計画」とするヘブライの信仰と宇宙には生成消滅する現象界を超越した統一原理（ロゴス）があるとするギリシャ哲学のいわば合成化合物です。そこでは歴史は、神の計画に従ったロゴスの自己展開として説明されます。小さな種を撒いたのが時と共にどんどん成長して大木になる、歴史におけるロゴスはそのようにして展開していく。ヘーゲルの場合、そうした精神の自己展開は十九世紀のプロイセンにおいて完了することになる。これに対し私は、歴史をミメーシスによって説明します。歴史の変動のもっとも大きな要因は、影響力がある模範的な例のミメーシス、すなわち模倣によって伝播することなのです。たとえば日本の歴史も古代における大陸の先進文明のミメーシスなしにはありえなかったでしょう。このことは『民族とは何か』でも詳しく論じました。

ロシア革命は、レーニンらがヘーゲルやマルクスの教説を歴史のロゴスと信じてやった革命です。しかし歴史家としての第三者の目でみると、ロシア革命はミメーシスの典型的な例なのです。

ハンナ・アーレントがボルシェヴィキのことを、「歴史の愚者」と呼んでいます。彼女がどういう意味でこう言ったかはともかく、ロシアの知識人の場合、当時のヨーロッパの進歩的とされた運動を模範として愚直に模倣する傾向がありました。ロシアに内発的な近代化の条件がなかった分だけ、ヨーロッパという模範のミメーシスがロシアの知識人を突き動かす情念になった。

ですからドイツの思想家が作り上げたフランス革命の神話が、全部それに感化されたロシアで増幅されるわけです。フランス革命は実際には政治的破局でしかありませんでした。しかし芝居がかったことが好きなフランス人気質のせいで、この革命は史上に前例のない演劇的な出来事になりました。革命は陶酔と恐怖に満ちた一大ドラマでした。ドイツ人はこのドラマに魅了されたのです。そしてこのドラマを観た興奮が革命神話を生み、それがロシアに伝播したのです。

そこでロシアの知識層は、フランス革命を人類の歴史をそれ以前と以後に二分するような神話的な出来事とみなすようになる。当時ヨーロッパの左翼の総本山だったドイツ社会民主党が建前で掲げている革命論を鵜呑みにして、マルクス主義の教義を金科玉条のように受け取る。ドイツでは建前という面もあった歴史のロゴスを本気で信じ込んでいたのがロシアのマルクス主義者です。近代化の条件がないだけに、ますます観念的になる。ですから皮肉なことにロシア革命は、ロゴスではなくミメーシスが歴史を変えた典型的な例なのです。そしてロシア革命自体が今度は、フランス革命を上回る演劇的出来事になって全世界の後進地域の知識層を魅了し、二十世紀の間にマルクス＝レーニン主義の革命神話は、カンボジアあたりにまで伝播することになります。

人間は何よりも模倣する存在です。人間社会は模倣によって成立し、模倣によって変化します。

ミメーシスという点では、賢《さか》しらぶった知識人も実は理屈ではなく印象や流行に動かされているので、原宿ファッションを追いかける女の子と似たようなものなのです。

ソ連は、なぜ崩壊したのか

ソ連が七〇年あまりであっけなく崩壊した原因は、国家が上から指令してきた工業化が完了して、共産党にはそれ以上やることがなくなってしまったからだと思うのです。レーニンらは「生産力が発展すると旧体制は革命によって破砕される」というマルクスのドグマを信奉していました。だから後進国のロシアで革命が起きるのはマルクスの説に反する。そこでレーニンは「後進国のロシアは資本主義諸国家の未熟で不安定な一環であり、ロシアの革命はその機が熟しているヨーロッパ革命の導火線になりうる」という理屈で十月革命と称する武力クーデターを正当化しました。ところがレーニンが権力を奪取してもヨーロッパで革命など起きなかった。皮肉なことに、ロシア革命はマルクスの教説が妄想であることを立証してしまったのです。そしてロシア革命は、たんに独裁というより、誇大妄想に支配されたソ連の国家体制を生みだしました。

なぜそんなことになったのか。マルクス自身の理論的錯誤がその原因だったというしかありません。「生産力の発展が旧体制を革命で破砕する」というテーゼは、英国の産業革命とフランスの国家主義的な政治革命を強引に重ね合わせたものです。しかし産業革命が順調に進行するなら革命は起きません。実際、英国の工業化は当初は労働者階級に犠牲を強いましたが、長期的にはその生活水準と地位を向上させ、マルクスが指摘した「社会問題」は工場立法と福祉政策によって解消されました。他方フランスでは、人口が急増したのに過剰人口を吸収する産業革命が不在だったことが革命を引き起こしたのです。だがこの事実を認めたらマルクス主義の革命論の根拠がなくなる。そしてマルクス主義の革命のモデルは、あくまで貴族聖職者など寄生的不在地主層を一掃したフランス革命です。一定の富を諸階級が奪い合うゼロサムゲーム、「収奪者が収奪される」階級闘争です。しかし資本主義的な富の生産の要《かなめ》は、労働者の搾取ではなく科学的・技術的知識の資本化なのです。そして産業資本家は、工業化を組織し推進して社会を物質的に富裕にする存在であり、フランス貴族のような収奪階級ではありません。

だから産業革命をフランス革命のプリズムを介して理解しようとするマルクスの議論は不条理であり、共産国の指導者たちに特有のパラノイアの原因になってしまう。つまり、彼らは工業化を国家の至上命令として推進しながら、工業化の進展を素直に喜ぶわけにはいかない。社会が物質的に豊かになって階級の問題が中和されると、人民はブルジョア化する。その中から走資派が出てきて外国勢力と結託して政権の転覆を図りはしないかと彼らは疑心暗鬼になる。だから共産党が独裁を維持するためには、国家を「階級敵」に対する恒常的な戦争状態に置いておかねばならない。スターリン、毛沢東、ポルポト、北朝鮮の金一族などのパラノイアは、これでかなり説明できるはずです。

こうしてボルシェヴィキのドグマが破綻した後、レーニンの後を継いだスターリンはマルクス主義を共産党独裁の御用イデオロギーに作り直しました。党の役割は共産主義の未来に向けて国民を指導することにあるとされ、階級闘争論は国家テロの口実、生産力理論は上からの工業化の口実になった。だから第二次大戦前のソ連は遮二無二《しゃにむに》計画経済による工業化、農業の集団化をすすめ、戦後は大戦の荒廃からの復興という課題があった。だがある時点で工業化が完了し、党の存在理由である未来がなくなってしまった。一九八〇年代くらいになると、ソ連はのんべんだらりとしたゼロ成長の国になってしまった。

だからゴルバチョフが書記長になって最初にいった言葉はグラスノスチ（情報公開）やペレストロイカ（立て直し）ではなく経済発展の「加速化」でした。未来への加速化のためにグラスノスチやペレストロイカをやるという議論でした。しかし工業化が完了してソ連国家に未来がなくなったことは厳然たる事実でした。それでもゴルバチョフが党の権威を守ろうと「加速化」に固執したことが、逆にソ連の崩壊を加速化させたのです。

「政党制度はまだ生きているか」（『フクシマ以後』に収録）に書いたことですが、近代の政党政治の使命は工業化の推進にありました。ボルシェヴィキの一党独裁はこういう近代の政党政治の極限形態だったわけです。だから工業化が完了し社会が成熟すると政党政治の存在理由がなくなってくる。工業化の完了、成長の限界と共に共産党の権威が崩壊する。西側の状況もそのバリエーションで、ポスト工業化の世界ではどこの国でも政党政治は浮き上がってしまい職業政治屋の立身出世ゲームにすぎなくなる。世界の現状はそうですね。だから国民はしらけてしまう、全世界的にしらけている。そういう意味で、ソ連の崩壊とその後のロシアの混乱は、欧米をモデルにした近代化という国家目標を見失った日本にとっても他人事ではありません。

第3章　民族主義という問題

——「民族」観念の起源とその再生

民族問題によって解体したソ連

二十世紀後半の一番の事件は、ソビエト連邦のあっけない崩壊（一九九一年）だったと思います。このソ連の崩壊の意味を人類は総括しかねているところがあります。アメリカが冷戦において勝ったのだという言説がはびこってきましたが、これはプロパガンダにすぎない。実際にソ連崩壊の引き金になったのは東西のドイツ人のドイツ再統一への希求でした。ベルリンの壁崩壊のショックがバルト三国などに波及し、ソ連は民族問題によって解体していった。ゴルバチョフは、この民族問題にどう対処してよいか分からなかったフシがあります。民族という問題は二十世紀の盲点になっていました。ですからソ連が、冷戦というパワーゲームではなく、民族問題によって崩壊したことはこの世紀のきわめて重要な教訓です。

ソ連は、マルクスの「労働者に祖国はない。万国の労働者は団結せよ」（『共産主義宣言』）というプロレタリア・インターナショナリズムを建前として作られた国です。それが民族問題に復讐されるかたちで崩壊した。これは歴史の皮肉といってよいことでした。そこで改めて考えてみると、マルクスが最初に世に問うた論文が「ユダヤ人問題によせて」というものでした。結局、マルクス自身、自分がユダヤ系であることに悩んでいた。ヨーロッパの場合は、ナポレオンによって、ユダヤ人はゲットーから解放されて一般のドイツ人、フランス人と同じく市民として平等になった。そのことが、逆にユダヤ人に葛藤を引き起こしました。ゲットーに閉じ込められていた間は、迫害されたユダヤの民というアイデンティティがはっきりしていた。が、なまじ市民的平等を与えられたために、自分はユダヤ人なのか、フランス人、ドイツ人なのかという問題を抱えることになった。マルクスがその典型なわけで、階級の論理ですべてを割り切るマルクスの議論は、アイデンティティ・クライシスを強引に解決するために構築した面があったと私は見ています。ソ連の民族問題による崩壊は、それが虚構の解決だったことを証明しました。

神の選民という思想

そこで、民族の観念が歴史において果たしてきた役割について、振り返ってみたいと思います。まず宗教改革です。宗教改革は、カトリック教会に対立したプロテスタントが聖書という信仰の原点に戻れと主張した運動でした。プロテスタントは新約聖書のイエスの福音だけではなく、旧約聖書の世界にも立ち返り、旧約聖書の世界を復活させたという面があります。カトリック教のローマ化されたキリスト教ではない、純粋なヘブライ的な信仰に復帰せよという要求がプロテスタンティズムの核心です。旧約聖書は、選ばれた民としてのヘブライ人、神の選民という観念をめぐって書かれ、その民の歴史を証言している文書です。近代におけるネーションという言葉は、この神の選民という聖書の言葉に遡るわけです。「ネーション（nation）」の原語であるラテン語の〝natio〟は古代・中世からある言葉ですが、近代のネーションとは意味がまったく異なります。近代のネーションは、ヘブライの神の選民、ヘブライ語では〝goy〟といいますが、これが英語に訳されたものです。

では、なぜ宗教改革の中で旧約聖書の世界が復活し、それを契機に神の選民という思想が近代世界を揺さぶることになったのか。そこで旧約の世界、それを作りだしたヘブライ人とはいかなる存在であったのかを考えてみたいと思います。

政治的実験の記録

旧約聖書は、まるで国際政治学の教科書のような書物です。エジプトとメソポタミアという二つの巨大で強力な勢力の間に挟まれたパレスチナの地に、ヘブライ人たちが独立国家イスラエルを作るという政治的実験の記録ともいえます。旧約聖書の主題は国際政治なのです。聖書は救いの書であるとしても、それはヘブライの民が神の選民として民族ぐるみで救われるというものです。グノーシス派が、ユダヤ教は政治であって、宗教ではないと批判する理由もここにあるわけです。では、神の選民は、旧約聖書でどういう意味を持っていたのか。支配民族とか優秀民族といったものではない。それは苦難と試練を受けるべく神に選ばれた民を意味していたのです。それにヘブライ人といっても、そうしたエスニック集団があったわけではない。古代中東世界におけるさまざまな周辺的な弱者が寄り集まってできた集団だったようです。血縁的な絆があったわけではなく、さまざまな集団の寄り集まりで、それをまとめていくのに一神教の信仰、聖書が必要だったのだという見方もできると思います。

このことに関連して一つ注意しておきたいのですが、民族という言葉は英語で〝nation〟ですね。種族というと〝ethnicity〟、〝ethnic group〟ですが、この二つははっきりと区別する必要があります。〝ethnic group〟は地縁、血縁、歴史、文化、言語といったさまざまな具体的な絆で結ばれた社会学的な存在です。一方、〝nation〟というのは、法的、政治的な観念です。〝nation〟というのは、何らかの国際社会、国際共同体があって、その中で自分の存在を主張すると共に他の共同体からも承認される、そうした国際社会の枠組みの中で存在する法的、政治的主体が〝nation〟です。フランス革命以後、人民主権を統治の正統性原理とする近代国家は、民族(国民)国家(nation state)と呼ばれるようになりました。この場合、国家は主権・領土、国民によって成立する制度であるのに対して、民族は主権者たる人民の歴史的由来に関わります。国家が領土など空間的な存在であるのに対し民族は時間的＝歴史的な存在、過去・現在・未来の世代を結びつけている見えざる共同体のことなのです。

ヘブライ人が「神」を必要とした理由

日本は幕末に開国して国際的法共同体に否応なしに組み込まれ、国際的に承認された主権国家としてその一員になったわけです。これは種族から民族への典型的なコースといえます。日本は縄文時代から幕末までは多少外国と交易、交流はあったけれども、基本的にはエスニック・グループだった。それが幕末にさまざまな外国と条約を結ぶようになる。世界の主要国から主権国として承認されて「ネーション（nation）」になったわけです。

ヘブライ人はそういうエスニック・グループでさえなかった可能性があります。ましてや法的、政治的主体のネーションとしては、きわめて脆弱で不安定な存在でしかない。だからこそヘブライ人は自分たちの無力さを、世界を創造した神という幻で補おうとした、現実のイスラエルはいつ周囲の大国、強国に滅ぼされるか分からない。しかし、神という超越的主権者が布告した律法に忠実な神の臣民であるかぎり、共同体として世の浮沈を超えて存続するであろう。この国は富と権力ではなく、人びとが神による立法と統治を信じることによって成立しています。

ヘブライ人は、ファラオが支配する専制的な大国エジプトとアッシリア、バビロニアなど好戦的なメソポタミアの都市国家の間に挟まれた土地に住む弱小でまとまりの悪い集団でした。だから旧約聖書は、神を幻の主権者とする独立国家が可能なのかどうかという政治的実験の経緯を記しているのです。聖書の発端では、モーセは同胞の群れを率いてエジプトを脱出し、約束の地パレスチナを目指して荒野を四〇年さまよいます。このモーセが率いた人びとはエジプトで奴隷であったと語られています。周辺的な弱者グループだったということですね。そのうえイスラエルは弱小国によくあるようにまとまりが悪く、内輪もめも多かったようです。近隣の有力な集団に影響され、聖書の神に背いて彼らの神に転向する人びとも少なくなかった。これもヘブライ人が神を峻厳な専制君主とする一神教を必要とした理由でしょう。

十戒は最初の国際法の試み

もう一つは、モーセがシナイ山で契約したヘブライの神は、あくまで律法を布告する神だということです。それ以上の形而上学的、神秘的な実体があるわけではなく、十戒など戒律を立法者として告げるだけです。ヘブライ人の神は法の権威を裏付ける存在であって、それ以上の面妖なところがない神なのです。そう考えると、モーセの十戒には面白いところがあります。汝殺すなかれ、盗むなかれ、これらの戒律は当たり前のことですね。日常道徳としてね。なぜ、こんなことを改めて戒律にする必要があったのか。

ここに逆に十戒の秘密を解く鍵があると私は見ています。この神の十戒に異存のある人はどこにもいない、人類だったらみな同意するもので、だからこそ普遍的な規範になりうる。つまり、私の見方では、神の十戒は、国際法の最初の試みだと思います。すべての民族、地域に共通して、だれでも人間なら同意せざるをえない日常道徳を、改めて神の戒律として布告したということ、これは国際法の最初の試みであったのではないか、そう見ています。国際的な弱者であるヘブライ人にしてみれば、それしか頼るものがなかった。ファラオとかアッシリアの王に対抗するには、神の権威に裏付けられた普遍的な法規範、それしか頼るものがなかった。また、そういう規範によってしかヘブライ人の社会をまとめられなかった。ヘブライ人の選民思想を民族主義と呼ぶのなら、それは国際法の理念に深く関与した民族主義であったといえると思います。

旧約聖書は国際政治の記録

ユダヤ教には、その律法を権威づけるために、神ヤハウェをファラオやアッシリアの王を超越した究極の専制君主としているところがあります。旧約聖書の神、ヤハウェが宇宙を支配する物理的エネルギーの比喩といったものならば、それはそれでいいのだけれど、人格神のかたちをとっている。究極の専制君主として司法、立法、行政を一人でやっている、そうした神なのです。この点がいろいろと問題になってくる。人格神であるかぎりは、この専制君主である神の代理人と称する人間が出てきて、おかしなことをやる余地を残しているのではないか。後のローマ化されたキリスト教にそうした面がはっきりと出てきたのではあるまいか。

このように、旧約聖書の世界は国際政治の世界です。旧約聖書の中に文学的、宗教的価値の高い詩篇とかもありますが、基本的には旧約聖書は国際政治の記録です。その意味で旧約聖書は、エジプトとメソポタミアに挟まれた回廊のような地域で神の戒律の下に独立国を作ろうとした壮大な実験の記録だともいえます。ただ、結果としてみれば、この実験は完全な失敗に終わった。弱小国イスラエルはバビロンやペルシャに征服され、最後はローマの支配に対して無謀で狂信的な反乱を起こした結果、亡国の民になってしまう。弱小国の悲劇ではあるけれども、この悲劇はかなりヘブライ人自身が招いたものです。弱小国にはよくあることですが、国内で絶えず分裂を繰り返した。外部の紐付きの人間や大国・強国の思想にかぶれる人間が出てきて、しっかりまとまることができなかった。聖書が盛んに唯一神の権威を強調するのは、このまとまりの悪さと裏腹な関係にあると思います。

対照的な古代ギリシャ

この失敗に終わった古代イスラエルの歴史に比べ、古代ギリシャの歴史はあまりにも対照的です。ギリシャも小さく貧しい国だったのですが、ペルシャ帝国の遠征軍を三度にわたって撃破し、さらに最後にはアレキサンドロス大王が出て、インドや中央アジアまで征服してしまった。

この違いはどこから出てきたのか。いろいろな見方があると思いますが、私の見方では、ギリシャ人は最後まで村の人間だったことが重要です。デモクラシーの語源のギリシャ語のデモスは、「民衆」と同時に「村」を意味します。ギリシャ人は村の人間であり、村の人間、田舎の人間のタフさ、質実剛健な気風を失うことがなかった。また、村社会のまとまりの良さから、義務と名誉の意識で共同体に奉仕するという姿勢を失わなかった。それが古代ギリシャ人の強みだったのではあるまいか。アテネというと絢爛たる都市文明を連想しますが、ポリスの自由市民の数は一五万人で、大きな村のようなものでした。他方では、ヘブライ人の悲劇はエジプトやメソポタミアの都市文明の影響を受けて、預言者がいくら出エジプトで荒野をさまよった経験に戻れといっても、結局は贅沢と安楽に慣れた柔弱な都会人になってしまったことです。預言者たちの警告は無駄でした。

旧約思想を復活させた英国

なぜ古代ヘブライ人の経験、神の選民の苦難と試練の話が近代になって復活したのかというと、英国の台頭があります。英国が生み出した新しいかたちの世界支配、ヘゲモニーは、それに適合した国際関係の新しいモデルを必要としていました。英国が台頭する以前の世界では、地域やエスニック・グループを超えた広域支配体制は世界帝国というかたちをとりました。その典型が中国です。巨大な官僚組織と軍によって、広大な地域を支配する。その支配地域の外にいるのは野蛮人、夷狄で、われわれは文明人であるというものです。こういうシステムは軍と官僚組織の維持に大変な費用がかかり、収奪した富を再投資して経済をさらに発展させるという構造がないわけです。それでやがてジリ貧になって、最後は腐敗と非効率で解体して無政府状態になり、もう一度、世界帝国を作りなおすという繰り返しになる。

ところが英国が作りだしたのは、領土を同心円的に拡大し、力で維持するのではなくて、国際経済のネットワークを作りだし、そのネットワークを支配するというものでした。国際通商システム、今の言葉でいえばグローバリズムですが、それに基づく商業と貿易、交通に基礎を置くヘゲモニーは、史上に前例がないものでした。そのためには国際秩序という観念が必要になります。中国型の世界帝国なら華夷秩序ですみますが、英国型の場合は、ヘゲモニー国家英国を基軸とした国際秩序が必要となる。そのモデルになったのが旧約聖書の世界だったわけです。英国人は旧約聖書から国際秩序の作り方を学びました。それ以前の世界は、キリスト教世界とか儒教的世界とかヒンドゥー教世界とか宗教で別れて、バラバラになっており、相互の交流はほとんどなかった。この英国の通商ネットワーク型国際秩序に最初に組み込まれたのが新世界アメリカです。中国や日本がこれに組み込まれるのは十九世紀になってからです。

近代民族（国民）国家の誕生

そして旧約聖書の中心にある神の選民という観念が、英国でネーションという名で復活します。これはプロテスタンティズムが旧約の世界を復活させたことの副産物でした。ただし英国のネーションは支配的民族を意味しています。苦難と試練へと選ばれた民という意味、古代へブライ人の〝goy〟ではない。神に特別に祝福され、世界を支配する運命を担った民、後のヘーゲルの言葉でいえば、「世界史民族」ということです。英国は、その点では完全に意味をひっくり返してしまったわけです。「ルール・ブリタニア（統べよ、ブリタニア）」という歌があったくらいで、英国はプロテスタンティズムに鼓吹された真のキリスト教文明であるから、世界を文明化する使命を持っているとして、帝国主義的支配を正当化していくことになるわけです。

ただ注意しなければいけないのは、英国でネーションの観念が生まれたのは、対外的へゲモニーを正当化するためだったことです。そこには、ネーションの成員としてのすべての市民の平等という国内的意味はありませんでした。フランス革命で初めて、ネーションは民族の成員としての市民の平等、とくに法的平等を意味することになり、民族の観念と平等の観念が結びつきます。そこから身分制が廃止され、すべての市民に法と権利における平等が保障された近代国民国家（nation state）が誕生するわけです。英国の場合は、十八世紀に英国議会が農民にやった囲い込みという仕打ちをみても、市民の平等という意識はまったくない。あくまで国際社会における英国の地位、覇権国に上昇して国威を発揚していく、それが英国のネーションです。

ネーション・ステイトの観念の成立

英国が世界最初の海洋的、商業的覇権国家となり、それに相関してヘブライの神の選民という観念が文明化された支配民族の観念に変わっていくわけです。だから英国は経済ナショナリズムによってネーションになったといえます。他国を覇権で押さえつけるようなナショナリズムです。プロテスタントにとって近代世界の個人はみな競争する自由な個人であるように、国家もまた競争する自由な国家であって、国家の課題は世界経済において商業的軍事的覇権国になるという経済ナショナリズムを英国が確立した。これが近代ナショナリズムの発端であったといえると思います。

これがフランス革命で変わってくる。フランス王国を立憲君主制にしようとする過程で、パリの貧民の暴動などもあって、民族の観念と人民の観念が結びついて、ネーション＝ピープルという観念が出てきた。そこから民族の成員としての平等、法の下の平等という観念が確立され、ネーション・ステイトという観念が成立するわけです。この過程を象徴しているのが国王の処刑です。他国に亡命しようとしたルイ十六世は反革命の陰謀を企んだとして処刑されますが、国王ではなく、一フランス市民ルイとして処刑されました。これはネーション・ステイトがどぎついかたちで表現されたものだと思います。これ以後、建前としてはネーション・ステイトだけが正統性がある国家とされます。ネーションは人民主権および民族自決の原則とワンセットのものとして理解されるようになります。

十九世紀の二つの民族主義

十九世紀は民族主義の全盛期とも言えますが、この当時、民族という観念は二つの現れ方をしています。一つは、十九世紀は英国の海洋的、商業的覇権が確立した時代です。なんとか文明国として生き残ろうとする国は、みんな英国の覇権に適応することを迫られた。そうなると英国モデルの議会を作ったり君主制を立憲君主制に修正したりして、英国モデルで国家の近代化を行う。国家を創設していなかったエスニック・グループが慌てて国家らしきものを作るとか、そんな時代だったわけです。とにかく国家を作らないと国際的に落ちこぼれる。イタリアのジュゼッペ・マッツィーニとかハンガリーのコシュート・ラヨシュといった民族主義者が出てきますが、結局、こういう動きは英国の覇権への国際的適応の一環だったのではないか。こういう動きはステイト・ナショナリズム、国家民族主義と呼んだほうがよいのではないかと思いますね。国家民族主義によって、英国の覇権が支配する世界の中で地位を確立するなり、拡大する。もちろん、大日本帝国にもそういう要素があるわけですね。これを国家民族主義と呼ぶなら、これはエリートが近代化のために民衆を動員する形態だと考えます。こうした上から演出されたステイト・ナショナリズム、これが一つです。

十九世紀にはもう一つ、エスニック・ナショナリズムがあります。この時代に民族形成がひどく遅れていたのがドイツです。無数の小さな領邦国家に分裂していた。それがフランス革命の影響を受け、結果としてはプロイセンの力による統一でドイツ帝国ができるわけです。しかし、ドイツの知識人にはその過程でいろいろ模索がありました。ヨハン・ゴットフリート・ヘルダーという人物がいますが、ドイツロマン派の源流のような歴史家で近代ドイツ思想の歴史を重視する傾向に大きな影響を与えた人です。彼が提起した問題は、一言でいえば、フランス革命が生んだネーション・ステイトは法的、政治的平等というかたちで市民の権利を確立したけれども、これは中身がない形式にすぎないのではないかという問題です。では民族の中身とは何か、それが問われねばならない。そして民族の中身はやはりエスニックなもの、エスニック・グループの具体的な絆ではないのかということです。フォークロア的なもの民俗学的なもの、ないし人類学的なもの、そうしたものを踏まえないと民族というものは理解できないのではないか。フランス革命で成立したのは、あまりにも抽象的、形式的なネーションにすぎない。実質的、具体的な民族は、エスニックなものの中に存在している。これは右翼国粋主義とか排外主義とかいうものではありません。ヘルダーがこういう民俗学的なネーションという問題を提起して、これが十九世紀の目立たない底流になるわけです。

ヘルダー以降ドイツでは、アングロサクソンやフランス人の思想はあまりにも抽象的、形式的なので、ドイツは具体的、歴史的なものを追求すべきだということになり、ドイツの歴史を重視する流れになっていきます。近代的な営利社会、ゲゼルシャフトに対して共同体、ゲマインシャフトを強調する、これが十九世紀ドイツ思想の一つの特徴になります。エスニック・ナショナリズムというか、こうした考え方も十九世紀の産物なのです。

「民族」を棚上げした二十世紀

二十世紀という時代の特徴は、アメリカとソ連が代表となりますが、民族観念の棚上げだったと思います。結局、この世紀を支配したのは、人間はホモ・エコノミクス（経済人）だとして経済的進歩が歴史の進歩だという考え方です。米ソは対立しても共にそういう立場でした。民族という観念は骨抜きにされ、棚上げにされた。たとえば、レーニンの場合ですが、帝国主義や植民地主義に抑圧された民族、帝国主義対民族という図式を出しますが、これはマルクス史観を改造したものでした。レーニンの時代までに労働者階級の窮乏化によって社会が二極分解して革命が起こるというマルクスの議論は歴史によって反駁されてしまっていた。福祉国家なり、労働者階級の経済的向上によってね。それでレーニンは、マルクスの図式を国際階級闘争という話にずらしたわけです。ヨーロッパでは通用しなくなった資本家対労働者の図式を帝国主義対民族という図式にずらした。これは階級闘争論をずらしただけで、民族について考えたことになりません。民族とは何かについての思想は空白のままで、これがソ連の弱点になったと思います。

一方でアメリカはどうだったかというと、アメリカは第一次大戦終結にあたって、ウィルソン大統領が民族自決論を打ち出します。ところがアメリカの民族概念の中身はすごく勝手なものであって、英国からアメリカが独立した過程を民族自決の模範と考えている。英国には身分制や王制が残っていたが、アメリカはすべての個人が機会均等に自由に競争する社会であり、そういう意味で経済的競争的個人主義に徹底している。これこそアメリカがネーションであり、それも人民主権を実現しているネーションである印だとする。

ですからアメリカが掲げる民族自決とは、どこの国でもアメリカに少しでも似てくれば、民族になるという勝手な理屈なのです。異文化、異民族などまったく頭にないわけで、アメリカに似てくれば民族自決が実現したことになる。民族自決はアメリカ化することなのです。アメリカの占領軍が敗戦国日本に対してやったことがその典型です。このように、レーニンの国際階級闘争論、ウィルソンの民族自決論、ともに民族という存在を空洞化させ棚上げするものであったといえます。

改めて問われる民族の問題

結局、ソ連の崩壊は工業化の完了と行き詰まりが背景にあったと思いますが、その中で民族という抹殺されていた問題が噴出してきたことには、かなり必然的な要因があったのではないか。そこで、十九世紀以来底流としてあったヘルダー的なエスニック・ナショナリズムをどう評価するかを考えなければいけない。これに類する議論に対して、国粋主義だとか排外主義だとか決めつけていいものかどうか。ヘルダーはフランス流の形式的、抽象的民主主義の限界を指摘して、民衆の具体的な生を共感と愛情をもって理解しようとしました。そういう意味では、エスニック・ナショナリズムはデモクラシーに実質的、歴史的、具体的な内容を与えるものです。日本では昨今、神道などに関心を持つ若者が増えているし、寺社に参ることも流行っているようです。これは国粋化などではない。むしろ、実質的なデモクラシーという観点から評価するべき日本社会の静かな変化ではないだろうかと思うのです。

現代はグローバリズムの破綻ということがあり、その前提になっているホモ・エコノミクス的人間観の破綻がはっきりしています。これはＥＵなどでは、とくにはっきりしていますね。ラテン系文化とゲルマン系文化の対立が、ＥＵが空中分解しかねない原因になっていますから。人間社会は究極的には経済ではなく文化によって統合されている。ソ連が崩壊し、アメリカのグローバリズムが破綻する中で、現代人は改めてこの事実を学び直しています。具体的な人間はエスニックな存在です。地縁、血縁、言語、文化、歴史の記憶を絆として他者と共有している人間、そうしたエスニックな人間が、ホモ・エコノミクスに代わって今後の歴史の主流になっていくであろうと考えます。

それでは二十世紀に支配的だった近代化論が過去のものになった後、人類が個々のエスニックなコミュニティに分解してばらばらになった結果、国際社会は弱肉強食のジャングルになるのでしょうか。そうなる可能性はゼロとは言いませんが、私としてはむしろ国際法の尊重がますます重要になってくるだろうと考えています。二十世紀は善かれ悪しかれ、国際法が発展した世紀でもありました。世界各国のエスニックな個性、民族の文化と伝統における主権を重視することと国際法によって国際秩序を維持することには何ら矛盾はない。むしろエスニック・ナショナリズムは国際法の権威と不可分なものです。本来、法とはさまざまな侵害に対して不可侵の境界を設定するものです。そして国際法の大前提は、すべての民族の平等です。ですから国際法の下で各民族が平和裡に棲み分けてこそ、エスニックな文化の存続と発展が保障される。だから、その価値観を普遍的なものとして世界に押し付けるアメリカのような覇権国は存在してはならないのです。こうして二十一世紀においては、すべての民族の平等を原則にしている国際法の法理念がますます重要になってくるのではあるまいか。昨今、国連がいろいろな意味で問題になっています。しょせん、大戦の遺物ではないか、安保理常任理事国というかたちで戦勝国の特権を保障するための組織なのではないかという声も高まっています。とにかく国連の評価に関しては、現在の国連は国際法の発展にプラスなのか、マイナスなのか、これが国連を評価する尺度になるべきと思います。

スイスの政治的叡智

エスニック・ナショナリズムの問題に触れましたが、この点ではスイス連邦は際立った例外です。スイスはドイツ系、イタリア系、フランス系と複数のエスニック・グループ集団で構成されていながら、しっかりとまとまっている国です。内戦や分離独立運動など考えられません。なぜそれが可能なのか。エスニック・グループの通常のメルクマールである言語と文化の共有はないわけですから。単一で均質なエスニック集団で構成されている国には自然なまとまりがある。スイスにはそれがない。スイスはこの問題が分かっているから共通のエスニック文化の欠如を政治で補っているのです。国家から排除されていると感ずるグループが出ないようにしている。さまざまなコミュニティの自治の尊重が徹底しています。分権と自治が国家の原則です。そうした政治的叡智がスイス連邦をまとめている。スイス独特の永世中立、直接民主主義も、スイスは潜在的に分裂するかもしれない国だからこそ、国論の分裂を予防するための政策なのです。

それと、スイスには均質なエスニック文化はないとしても、山国、アルプスの民であるという生活環境の共有があります。アルプスの農民として十四世紀以来ともにハプスブルクの皇帝と戦ってきたという歴史の記憶を共有しており、ウイリアム・テル伝説に見られるように、この記憶には強烈なものがある。生活環境と歴史の記憶を共有していることがスイス人を政治的にネーションたらしめています。このことを理解していない者に国民の資格はない。だからスイスは外国人に移住、移民、帰化を簡単には認めない国でもあります。

異文化を翻訳する文化人類学

そしてもう一つ、エスニック民族主義の問題を考えるうえでは人間社会の多様性を研究する文化人類学の視点が重要です。今日、人類についてのもっとも普遍的な理論は文化人類学です。そして文化人類学が実に逆説的な学問であることを強調したいと思います。文化人類学はホモ・サピエンスとして人類の素質はすべての人間に共通であることを認識しています。この点においては人種や種族による差などない。しかし、この同じ素質からいかに多種多様な異質な文化が生まれてくるか。いってみれば、麦という同じ食材からパンやうどんやパスタが作られるようなものです。それと同じくらい多種多様な文化が生まれる。そして異質な文化を簡単に理解できるのなら文化人類学など必要ないわけです。外国人と賑やかにパーティでもやって異文化が理解できましたというなら、文化人類学は必要ない。しかし、異文化の理解は実際にはきわめて難しいのです。

文化人類学の課題は翻訳ということです。たとえば、パプア・ニューギニアの未開部族の文化を現代のニューヨークのアメリカ人や東京の日本人に理解可能なものに翻訳ができるかどうか。翻訳は不可能とはいわないが、容易ではない。だが部分的断片的な翻訳は可能であるはずだと文化人類学は考えます。しかし、翻訳が正確かどうかの保証はありません。それでも異文化理解は絶望ではなく、断片的な翻訳は可能であると信じる、これが文化人類学だと思うのです。国際化とか異文化理解とかいうのは簡単ですが、それは実は不可能なことかもしれない。それでも文化人類学は異文化理解の困難さを踏まえながら、その翻訳を諦めない、そこに文化人類学という知の重要性があると思います。

第4章 アメリカの世紀の終焉

――グローバリズムの限界と平和の条件

「負の覇権国」アメリカ

共産党が指導する工業化が完了した結果、ソ連は消滅しました。そして二十一世紀に入ってから世界は覇権国アメリカの衰退と没落を目の当たりにしています。今のアメリカはウッドロウ・ウィルソン大統領が二十世紀初頭に作り出したものです。彼は第一次世界大戦への参戦とアメリカ連邦準備銀行という中央銀行の設立によって、それまで孤立主義を引きずっていたアメリカを軍事的金融的世界帝国に変貌させました。現在、このウィルソンのアメリカが解体しつつあります。このアメリカの危機をどう捉えるかですが、没落といっても、そう簡単に覇権国の座から転落するわけではない。アメリカの覇権の土台は核とドル、とりわけ最大の戦略商品である原油の取引がドルで決済されるペトロダラー体制です。そして今なお世界貿易の六割以上はドルで決済されています。しかし今後もアメリカのスローモーションな没落は続きます。アメリカの中東やウクライナへの介入も、揺らぐペトロダラー体制の維持に関係がありそうです。

このアメリカの衰退は、基本的にエネルギー・通貨・軍事的覇権の視角から捉えることができると思います。エネルギーでは、何よりもピーク・オイルによる石油文明の行き詰まりがあります。これはまた豊富で安い石油を前提にしたマイカーなどのアメリカ的生活様式の危機でもある。そして通貨では、一九七一年にニクソン大統領が金とドルの交換を停止したことに遠因があるアメリカ経済の金融化があります。このニクソンショック以後、金に代わってペーパードルが世界貿易の準備・決済通貨になり、アメリカはドル発行国として途方もない特権を手に入れました。だがその結果、アメリカは通貨操作で食っていく虚業の国になり、実体経済は衰弱する一方経済の金融化が進行し、金融資産がある極少数の富裕層と一般国民の間の格差と不平等が絶望的に拡大しました。

今のアメリカは、トップの元老院議員と底辺の農業労働者の富の格差が二十万倍にもなったといわれる末期のローマ帝国に似ています。そしてこれほどの富の不平等はたんなる経済の歪みではなく、社会の腐朽、知性と文化の荒廃を伴います。軍事的覇権についてですが、二十世紀前半の戦争は工業力がものをいう工業戦争でした。だからアメリカは日独という工業国相手の戦争では勝利できた。核兵器は工業戦争の最終的産物です。しかし大戦後の戦争は主に地域の内戦で、それにアメリカは世界の警察官として介入しました。そこでは核兵器や空母などの機動部隊は役に立たず、朝鮮では現状の回復に終わり、ベトナムでは敗退しました。中東やアフガニスタンでは自分が勝手に作った泥沼にはまりこんで身動きできなくなっている。今のアメリカは軍事的覇権国どころか、自分の力を過信し自分が作った罠にかかって自滅している国です。そしてまた非生産的な経済の軍事化も実体経済を衰弱させました。

といって、アメリカに代わって中国が台頭するなどということはまったくありえないでしょう。

中国はしょせん先進国の資本の下請けをしている苦力国家です。その近代化は中身のないハリボテです。しかも環境問題ひとつみても中国は破滅に向かっています。世界は、アメリカに代わって、ロシア、中国、ブラジル、インドなどが新興勢力として台頭する多極的世界になるという議論がありますが、そうなっているとは思いません。現にアメリカ連銀が今の量的緩和策を止めてドルの利子を上げそうだという観測が広まっただけで、それまで利ざや稼ぎで海外に流出していたドルは一斉にアメリカに引き上げられ、新興諸国はガタガタになっている状態です。世界は相変わらずアメリカの覇権の下にある。

しかし現在のアメリカは、私の言葉でいえば「負の覇権国」だと思うのですね。覇権国ではなく、マイナスの覇権国で、アメリカのやることなすこと、すべてが世界中に深刻な動揺と混乱をまき散らしています。アメリカはマッチポンプでさまざまな深刻な問題を作り出しておきながら、それを解決する能力がない。こんな迷惑なことはありません。連銀の政策でいずれドルが暴落し紙切れになる日がくるまでは、こういうダッチロールのやりきれない状況は続くだろうと思います。

アメリカへの劣等感に憑りつかれたヨーロッパ

冷戦の終結に際してきちんと議論されなかった問題が一つあります。それは、ソ連の脅威がなくなったのに、なぜＮＡＴＯ（北大西洋条約機構）がそのまま存続したのかという問題です。しかもＮＡＴＯはむしろ冷戦終結後に軍事同盟として対外的に活発に軍事力を行使するようになった。ＮＡＴＯは冷戦期には対ソ連の抑止システムにすぎなかったのに、これ以後ＮＡＴＯ諸国はアメリカ主導でユーゴ内戦に介入しアフガニスタンやイラクにも出兵しました。アメリカべったりの英国だけではなくドイツやオランダまで出兵しました。そしてヨーロッパで「ソ連が消滅したのだからＮＡＴＯは解消すべきだ」という声が上がることもありませんでした。

この問いに対する答えは、冷戦終結の時点までにヨーロッパは完全に自信を喪失し、アメリカに追随するしかなくなっていたのだということでしょう。考えてみれば、二十世紀はヨーロッパが経済的にはともかく独自の価値観と伝統を持った文明としてはどんどん影が薄くなった世紀でした。第一次世界大戦ではヨーロッパが戦乱で深く荒廃する中で、アメリカが大国にのし上がりソヴィエト・ロシアが誕生、ヨーロッパの国際的地位は相対的に低下しました。それに加えて英仏両国の植民地でも独立の機運が高まりました。そして両大戦間のヨーロッパは、アメリカの金融資本とソ連の共産主義の間で引き裂かれ、その混乱がファシズムを生みました。十九世紀には世界の女王を自負したヨーロッパは、国際政治に翻弄される存在になってしまった。

結局この西ヨーロッパは、アメリカの力によってナチドイツとソ連の脅威から守られ、戦後の復興もアメリカのマーシャル・プランのおかげでした。戦後のヨーロッパは経済的には繁栄しましたが、文明としてのヨーロッパはもう各地の美術館や博物館に過去の遺物として保存されているだけになりました。そして冷戦の終結がヨーロッパの矜持に止めを刺したように見えます。

マルクス主義には近代ヨーロッパ思想の集大成といえる面があります。それだけに、日本人には分からなかったことですが。マルクス主義のソ連が冷戦でアメリカに敗北したことを、ヨーロッパ人はヨーロッパのアメリカに対する思想的敗北と感じたところがあったのではないか。それに東西ドイツの再統一もヨーロッパ自身の成果ではなく、アメリカがソ連を寄り切った結果でした。ですから冷戦終結を契機に、ヨーロッパは自主性を取り戻すどころか、ひたすらアメリカに思想的にも政治的にも追随するようになった。かつては西洋文明の本家を自負しアメリカを成り上がりの分家と見下していたヨーロッパはもうありません。

この見境ないアメリカ追随の帰結が、ＥＵのユーロによる通貨統合です。もちろん通貨統合にはグローバル金融資本の意に適う政策という要素があります。ただヨーロッパのエリートがこぞってユーロを推進したことは、金融資本の利益だけでは説明できません。各国のナショナルな通貨を廃止して単一通貨に置き換えることは、ヨーロッパを疑似アメリカ合衆国に変える整形手術の試みでした。そしてユーロに起因する現在のＥＵ経済の大混乱は、この整形手術が失敗に終わったことを示しています。こんな整形までやろうというヨーロッパ人のアメリカ追随は思想的なもので、日本人の親米とは次元が違います。日本では「日本はしょせんアメリカの属国」と自嘲する人がいますが、日本の対米関係はソロバンづくの上っ面だけのものです。それに日本とアメリカの国柄の違いはあまりにも大きい。敗戦直後はともかく、今の日本人にアメリカに対する自信喪失や劣等感があるとは思えません。

だがヨーロッパの場合は、本家と分家の地位が逆転してアメリカが西洋文明の本流になったと思われている。だからアメリカ追随の根は深いのです。そして雑多な移民がひしめく国アメリカを模範にしたために中東やアフリカからの移民が際限なく流入してヨーロッパの文明と伝統はますます希薄になっている。このままではヨーロッパの将来は危ういと言わざるをえません。

ブーム国家の興亡

アメリカについては「アメリカ例外主義」という言葉があります。これは基本的には、アメリカは封建的身分制的中世という過去がない国、新たにゼロから意図的に作られた国として例外的なことを意味します。これは後には拡大解釈されて、アメリカは人類の正義、自由、進歩を代表している別格の国であり、そういう国として世界を指導する資格がある国という信条になりました。しかし覇権国アメリカの凋落がはっきりしてくれば、例外的であることはアメリカが変則的な、歴史上前例のない異常な国であることを意味するようになる可能性があると思います。

近代ヨーロッパの歴史はコロンブスの新大陸アメリカ到達と十六世紀の宗教戦争と共に始まりました。そしてお話ししたように、その後の歴史は、宗教の危機が残した精神の空白をヨーロッパ人がタナボタで手に入れた新大陸の富に基づく物質的経済的成功が埋め合わせた歴史でした。アメリカは純粋にこの二つの要因によって成立した怪物のような国です。その歴史の発端には、宗教的迫害を逃れて新天地に移住したピューリタンがいます。もう一つの発端は、英国王の勅許を得て新大陸の資源の開発にあたるカンパニー、有名な東インド会社と同質の会社です。アメリカは、狂信的なピューリタニズムとこういう開発企業の二人三脚によって成立した国です。そして過去を捨てて新天地に移住した歴史のない移民の国です。移民は豊かさと社会的地位の上昇、いわゆる「アメリカの夢」を求めてこの国に移住してきます。だからアメリカは「好機の社会

(opportunity society)」とも呼ばれます。つまりアメリカ人の国に対する関わりは、機会主義なのです。そして彼らに機会を与えるのは歴史上前例のない経済の発展と拡大です。十九世紀には西部の開拓、二十世紀には豊富で安い石油をエネルギー源にした工業化と技術革新が、そういう経済発展を可能にしました。

ある土地で炭田など価値が高い資源が発見されると資本と人がそこに流れ込んで、炭鉱町など喧騒に満ちたいわゆる「ブームタウン」が生まれます。そういう意味で、アメリカはブーム国家と言えます。アメリカ以前には、そういう国家の例はありません。そして問題は、ピーク・オイルや温暖化など資源と環境の限界でこれまでの経済発展の前提条件が消滅した時、ブーム国家はどうなるかです。ブームが終焉した時、アメリカは機会主義的なアメリカ人を国民としてまとめていけるのでしょうか。たとえばロシアでは、ソ連体制が崩壊した後も、ロシア人の民族的個性、そのエスニックな文化と社会は存続しています。問題は、ブームの終焉にもかかわらず、アメリカ人を一つのネーションとしてまとめていけるような人種、種族、宗教を超えたエスニックな絆がアメリカに存在しているかどうかです。現実には人種間の対立はむしろ深まっているように見えます。

入植者が先住民を力で押しのけて土地を占拠したという点でイスラエルの建国の事情はアメリカに似ています。そしてアメリカが中東外交で不利になるにもかかわらずイスラエルに梃入れするのは、もしイスラエルが消滅したら次にはアメリカの歴史が世界で問題にされるからだという説もあります。この説は穿《うが》ちすぎかもしれませんが、私は歴史のない移民の国アメリカにはエスニックな絆は存在していないと見ています。

なぜ存在しないのか。これはアメリカという国の建国以来の農業との関わり方に深く関係しているというのが私の見方です。アメリカ人は封建的身分制的な中世を嫌った。そして新石器時代以来の農耕社会が、王侯貴族という特権的地主層が農奴や小作人を支配する社会体制をもたらしたのは事実です。だが同時に過去の農耕社会は、人間と土地の内面的で親密な関係を生み出しもしました。この関係が今なお人々のエスニックな絆の基盤になっているのです。農耕に由来する季節感が文化の隅々にまで浸透している日本はその比類ない例でしょう。定住して農耕することは人間に「住む」ということを学ばせました。

だが、移民の国アメリカでは、住むことは隷属と失敗、移動することが自由と成功の印です。だからアメリカでは、最初から農業はヨーロッパに輸出する換金作物の煙草の栽培など純然たるビジネスとして始まった。英国の繊維産業に輸出するための南部の黒人奴隷による綿花の栽培もその典型です。だからアメリカの農産物には他国のように農民たちの思い出や愛情や感謝が込められていることがありません。こうしてアメリカでは、人間と土地の内面的な関係が生み出されることがなかったのです。だからブーム国家アメリカがどのような終焉を迎えるのか私には想像できません。ブームタウンはいずれゴーストタウンになりますが、まさかゴースト国家はないでしょう。とにかく凋落するアメリカの未来は、史上に前例がないものになると思います。

「世界史」という観念は消滅する

しかし、ベルリンの壁崩壊、冷戦終結当時にアメリカのひとり勝ちだ、アメリカ一極の超大国だと騒がれた当時と様変わりで、今はアメリカの没落がはっきりしてきて、ドルも覇権も徐々に終焉に向かっている。アメリカが勝ったと騒いでいた時代の代表作がフランシス・フクヤマの『歴史の終わり』という本でした。フクヤマによると、共産主義を人類の未来とする歴史観がソ連と共に消滅した結果、自由と民主主義の議会制国家が、政治思想の進化の到達した最終形態であることが明らかになった。議会制民主主義を超える統治体制はない。そしてEUが国家主権を超えて自由と民主主義に基づく超国家的秩序を構築しようとしているところにも、その政治的普遍性が示されているというわけです。今はこの本は笑いものになっていますが。フクヤマは、フランスでヘーゲル哲学を講義していたアレキサンドル・コジェーヴの影響を受けています。ヘーゲルの「精神の自己展開は十九世紀のプロイセンで完了した」という議論をそのままアメリカに当てはめて、アメリカの覇権が冷戦に勝利して歴史は終わったという議論をしたわけです。

思うに、フクヤマがこの本のタイトルを「世界史の観念の終わり」にしていたら、彼は正しかったことになるのではあるまいか。終わったのは歴史そのものではなく、むしろフクヤマが依拠しているヘーゲル哲学的な「世界史」という観念なのです。普遍世界史という観念は、もちろん中世にはなく、近代になってから生まれたものです。そして、この観念はヘーゲルの『歴史哲学序説（講義）』によって完成されました。これは本というより大学での講義録ですが、ここでヘーゲルは、世界史を人間精神の発達過程として論じています。精神は東から西へ、極東からインドをへてヨーロッパに向かう過程でより高い段階に上っていく。中国の易経から始まって、最後にフランスの革命を経て十九世紀のプロイセンに移ることで精神はゴールインして完成される。東洋ないしアジアにあるのは幼稚で未熟な精神とする、オリエンタリズムの見本のような議論です。このヘーゲルの歴史哲学が世界史の概念の典型です。

ヨーロッパでは十七世紀くらいまでは、世界史とは聖書史観のことで、アダムとイヴがどうのこうのというようなものだった。それが啓蒙の十八世紀に文明史、市民社会の歴史に変わってきた。そうした変化を総合したのがヘーゲルです。ですから世界史の観念はヘーゲル的なものなのです。つまり、近代ヨーロッパ文明を人類文明の頂点とする欧米中心主義なしには、「世界史」の観念は成立しないのです。ところで面白いことに、ヘーゲルの世界史には日本が抜けています。精神は中国で目覚めて西に向かうのだから、中国の東にある日本は世界史の外にあることになる。だがヘーゲルも日本の存在は知っていたはずです。十八世紀にエンゲルベルト・ケンペルというドイツ人が出島のオランダ商館の医師として日本に滞在し、日本を研究して、帰国後に『日本誌』という大著を書きました。この本はドイツや英国で広く読まれたのでヘーゲルも当然知っていたはずです。にもかかわらず、日本をその歴史哲学の図式に収めることができなかった。これはきわめて興味深いことです。

今日、こういう近代ヨーロッパ文明を人類文明の頂点とする欧米中心主義は、過去のものになりました。そういう欧米優越思想の権化だったアメリカの覇権は大きく揺らいでいます。原油を浪費するアメリカ的工業社会の豊かさが全人類共通の進歩の目標といった思想は、二十一世紀には時代錯誤でしかありません。そうなるとヘーゲル以来の「世界史」の観念は消滅せざるをえません。

あらゆる歴史はローカルである

ヘーゲルが「世界史」の観念を確立し、マルクスがヘーゲル哲学の原理である精神を物質的生産力に置き換えて、それを非ヨーロッパ世界にも適用できるものにしました。そしてロシア革命はこのマルクス史観に則り「世界史の法則」への信仰に基づいて行われました。その意味で、二十世紀は世界史の観念に憑りつかれた世紀だったといっていい。米ソの冷戦は、イデオロギー的には、世界史の解釈をめぐる争いだったといえます。世界史における人類共通のゴールは、共産主義なのか、それともアメリカ的な豊かな社会なのか。世界各国は東西に分かれ、歴史のゴールを目指して競争することになった。しかし以来歴史はどんどん書き換えられてきています。われわれは歴史修正主義の時代に生きています。世界史上の人物、たとえばコロンブスの評価などは、昔とは一転していますね。今は、新大陸征服に先鞭をつけた奴隷商人だったということで、肯定的評価はほとんどみられない。

ではそうした細かい修正を積み重ねていけば、いずれヘーゲル的世界史に代わる新しい世界史が書かれるようになるのでしょうか。その可能性はゼロだと思います。アマゾン河奥地の先住民から現代の東京の日本人まで地球上のすべての人びとに起きたことを一つの統一された歴史として総括できるような視点など存在しないのです。それは神の視点だからです。結局、普遍世界史なるものは一神教、それも自ら普遍的世界宗教と称するキリスト教の産物なのです。キリスト教の救済史観が世俗化したのが、近代の普遍世界史なのです。この観念が解体し消滅すれば、後にはさまざまな共同体、種族や民族のローカルでユニークな記憶、記憶された過去と現在の対話としての歴史しか残っていません。歴史は世界史という大風呂敷から独特のローカルな伝承のモザイクになります。そしてこれはわれわれの歴史観がキリスト教の影響から脱却し、「歴史学の父」といわれる古代ギリシャのヘロドトスの「歴史（historiai）」の視点に立ち返ることを意味しています。ヘロドトスはさまざまな人々と社会の驚嘆すべき物語を語り、出来事の原因を探求しました。

たとえば、アメリカ合衆国の迫害されてきた先住民は、世界史の物語に包摂されることを拒んで、自分たちの独自の記憶を守ろうとしています。かなり前からアメリカの左翼人士は、アメリカ・インディアンという呼称をネイティブ・アメリカンに言い換えてきました。左翼はこれで白人の良心と善意を示したつもりでした。ところが先住民自身はアメリカ・インディアンという呼称に固執したのです。なぜならこの呼称には、コロンブスがインドに行くつもりでアメリカ大陸に到着した結果起きた先住民の悲劇が刻印されているからです。これをネイティブ・アメリカンに変えてしまうと彼らの悲劇が抹消されてしまう。先住民もコロンブス以前からアメリカ人だったことにされてしまう。だが左翼は、それで先住民をアメリカ人に格上げして救ってやったつもりだったのです。なぜなら左翼は世界史的進歩というものを未だに信じているからです。アメリカの政府は悪質であってもアメリカという国は人類の進歩を代表しており、とりわけ左翼人士は政治的な間違いを犯さない進歩と良心の見本なのです。ここに白人左翼の独善と傲慢があります。彼らは善意のつもりで呼称におけるインディアン狩りをやってしまったのです。

ヘーゲル的な「世界史」が終焉して、あらゆる歴史はローカルであるということになっていくのではあるまいか。日本でもちょっと評判になった劇場国家論を書いた人類学者のクリフォード・ギアーツは、そういっていますね。昔は文化人類学で異文化は正確に理解できると思っていたけれども、異文化の理解は容易ではない。あらゆる知識はローカルであり、ローカルな知識にアプローチするのは容易なことではない、最近は、そうしたことを強調していますね。だからバリ島の儀礼、祭礼などを解釈する際にもすごく慎重になっています。

グローバリズムの限界

冷戦で米ソはまた、その世界史の哲学に基づく国際主義を掲げて争いました。ソ連は労働者には祖国はないとするプロレタリア国際主義、アメリカは、人類の進歩と自由を代表し国際秩序を守る世界の警察官としての国際主義です。しかし、ローマ帝国以来、国際主義というものは常に帝国の思想でしたし、米ソもその例外ではありません。ソ連の場合、フランスのパリ・コミューンで生まれた労働歌「インターナショナル」は一九四四年までスターリン体制の国歌でした。なぜこういうことになったのか。マルクス主義によれば、資本家は万国の労働者階級の共通の敵である。しかし資本家への敵対以外に各国の労働者を結びつけるものはあるのでしょうか。万国の労働者に共通する階級的利害なるものは、マルクスの経済分析から出てきた抽象的テーゼにすぎません。そんなものを根拠にした諸国民の連帯などあるはずもない。結局、プロレタリア国際主義はソ連帝国が自らを、人類を共産主義によって救済する救世主的な国であると称することに役立っただけなのです。

他方でアメリカの国際主義は、要するにグローバリズムです。異なる地域を経済的に一体化させるグローバリゼーションはコロンブスのアメリカ渡航と共に始まりました。アメリカはこの過程を完成させた国です。アメリカは世界を単一で均質な経済共同体にしようとします。そうすれば資本を最大限に効率的に使うことができるからです。この資本の効率という立場からは、各国のエスニックな文化や伝統は手枷足枷にすぎません。人間は功利的打算的なホモ・エコノミクスなのだから、各国を分け隔てる国境をなくして世界全体を画一的な市場に変えてしまうことが可能とされます。だが昨今、このアメリカのグローバリズムは完全に行き詰まっています。この行き詰まりをもっとも明確に示しているのが、EUで深刻化している移民の問題です。人間がホモ・エコノミクスにすぎないならば、移民とその受け入れ先の国民は同質であり何の問題も起きないはずです。だが現実の人間はエスニックな存在だから、移民は母国の文化を引きずり、受け入れ国の文化と社会になじめない。そして受け入れ先の国民も、移民によって自分たちのエスニックな歴史文化伝統が脅かされていると感じる。EUの現状ほど、人間はエスニックな存在であり経済人ではないことを立証しているものはありません。

こうして二十一世紀の世界では国際主義は過去のものになりました。人間はエスニックな存在であるかぎり、人間が作れる共同体の大きさは民族国家が限度、人びとが言語・文化・歴史の記憶を共有するネーション・ステイトが限度なのです。民族国家を超えた全人類の社会など存在しないのです。ですから旧約聖書の「バベルの塔」の寓話は、世界についての真実を語っています。そして国際化と称して醬油とマヨネーズとハリッサを混ぜ合わせるようなことはしてはならない。

世界平和の条件

といっても世界は十九世紀のような各国が覇権を争うステイト・ナショナリズムの戦国時代に戻るわけではない。人びとのエスニックな個性が尊重される世界では、国々の平和な棲み分けが課題になるでしょう。そういう棲み分けを保障するのが国際法の権威です。国柄が違う国々の衝突を予防する交通法規としての国際法の権威です。国際主義のイデオロギーに取って代わるのは、安定した国際的法秩序です。だが現状では、国際法は国家間の紳士協定にすぎません。それを世界の世論の力によって強制可能な規範にまで高めていくことができるかどうか。おそらくそこに二十一世紀の問いがあります。

国際法の支配と並ぶ世界平和のもう一つの条件は、本物の人民主権の存在です。戦争をやりたがる人民など存在しません。人民は愛する祖国を破壊と死から守るためというエリートのデマに騙されて戦争に同意するのです。今日、大方の国家は人民主権をその正統性の原理にしています。それなのに紛争や戦争が絶えないことは、人民主権がエリートのおためごかしにすぎないことの印です。人民主権の観念は、ルネサンスが甦らせた古代共和主義の遺産です。共和政だった頃のローマの「人民の安寧が至高の法である（salus populi suprema lex esto）」という格言がその発端です。しかし近代世界のエリートはこの原理をご都合主義的に利用し、その権力と支配を糊塗するための欺瞞のレトリックに変質させてしまいました。だから人民の名において戦争が行われる。

人民主権はたんなる統治の原則ではなく、国家形成の原則そのものでなければならない。ところが世界の大部分の国家は内戦や戦争の産物です。近代的自由の見本のように言われる英国にしても国王と議会の内戦から生まれた国であり、その点では国共内戦から生まれた中華人民共和国と変わらないのです。アメリカ合衆国も英本国と植民地のエリートの争いから生まれ、南北戦争で体制が確立した国です。また近代日本も薩長によるクーデターと戊辰戦争で生まれた国です。明治欽定憲法は、ＧＨＱが起草した現行憲法と似たような占領軍による押し付け憲法でした。

スイスのように、ウィーンの皇帝に抵抗する農民の同盟が次第に連邦国家にまで発展した例は、世界的にも例外中の例外なのです。革命が生んだフランス共和国は、トックヴィルが『旧体制と革命』で指摘しているように、人民主権を掲げながら君主制が作り出した中央集権国家をそっくり継承し完成させました。ロシアや中国の革命も同じでした。しかし現代世界では、人々はエリートの腐敗、無能、愚劣さに我慢ができなくなっています。そして内戦や戦争から生まれた国家の正体を覆い隠している似非《えせ》人民主権を問題にし始めています。スコットランドやスペインのカタロニアなどヨーロッパ各地で急速に台頭している地域の分離独立運動は、その明白な兆候です。お上の都合で上から作られた国家は、人民の国家ではない。地域住民の合意に基づかない国家には正統性はない――ということです。結局スイスのような地域自治体の連合国家だけが、まともな人民主権の国家なのです。

現在どこの国でも議会制が機能しなくなっています。連立政権の成立も困難な国が増えています。ワイマール時代末期のドイツは議会が麻痺状態になったため大統領令で統治されるようになり、それがナチの独裁に道を開きました。そして今はアメリカがますます大統領令で統治される国になってきています。トップの一方的な指令で統治される国は今後も増えるでしょう。だが他方では、人々は似非人民主権を容認しなくなっている。国家の在り方をめぐって、エリートの垂直型統治と人民の自治と連携を原則とする水平型統治の衝突が始まりつつあります。これは従来の右翼左翼の対立図式で理解できるものではありません。

第5章　科学と社会

――古代ギリシャの自然観と科学の再魔術化

『二つの文化と科学革命』

戦後の日本とくに六〇年代の高度成長期以降の日本では科学技術はほとんど信仰の対象でした。だが七〇年代に入ると水俣や四日市の公害問題の表面化で時代の空気が変わってきました。そして六〇年代末の大学闘争で、それまでの学生運動と異なり工学部、理学部、医学部などで学生たちが教育の在り方を問題にしたことも決定的に重要でした。私たちの世代が初めて科学技術信仰に異議を申し立て、科学技術の歴史的な相対化が始まったといってよいでしょう。反原発運動の高木仁三郎さんのような人は、ひとつ前の世代に出てくることは考えられなかった。科学者はエリートそのものでしたから。そして科学の在り方を問うことは、資本主義についての見方を大きく変えることにつながります。

十九世紀の産業革命を分析したマルクスは、資本主義は労働力の搾取によって成立していると考えました。産業革命のエネルギー源だった石炭は、人間が地下に下りて重労働をして採掘せねばならなかったからです。だが二十世紀の間に工業経済のエネルギー源は石炭から石油に変わりました。石油は油田を掘り当てれば自噴してくるし、その精製や輸送もパイプラインなどで徹底的に自動化できます。労働力はもう重要ではない。合成化学などを応用して、いかに石油を魔法の資源として活用するかが工業経済の戦略的課題になります。これ以後、資本主義の存続と成功は、科学を資本として巧みに使うことにかかってきます。アメリカという国がその典型で、徹底的に科学を資本として使ってきました。だが、その一方では、進化論を否定するキリスト教原理主義を多くの庶民が信奉し、それが大統領選にさえ影響を及ぼしたりしている。

この科学と一般社会の文化の分裂ないし断絶という問題で想起されるのが、以前に英国のＣ・Ｐ・スノーが書いた『二つの文化と科学革命』という本です。スノーはこの本で現代文化が直面しているもっとも憂慮すべき問題を論じています。現代は科学技術の時代といわれながら、人文系と科学技術系の知識人の間で話が通じない、コミュニケーションが不可能になっています。いわゆる文科系と理科系の人間は別の世界に住んでいる。これは文化の病ではないかと言っている。では、科学が文化でありうるような世界とは、どういうものなのか。科学者にとっても、文科系人間にとっても理解できるような科学的文化はありうるのか。私が古代ギリシャに遡ったというのも、そういう問いに対する答えを求めてのことでした。

古代ギリシャ人の自然観

近代における科学の在り方に思想史的に何か問題があるのでは、と考えました。科学的研究の大前提は「自然」と「人為」の区別です。人間が雨乞いの儀式をすれば雨がすぐに降ってくるようなら科学は成立しません。自然科学の研究対象は、人間の欲求や感情による介入を一切受け付けず厳然として、それ自身の論理で動く自然です。そういう人間の介入や干渉を許さない事象の全体を古代ギリシャ人はピュシスと呼びました。これに対し人間の意向で動かし変更できる事象をノモスと呼びました。ノモスは人間が作りだした制度の総体といってもいいでしょう。このギリシャ人による自然と人為、ピュシスとノモスの峻別なしには科学が生まれることはなかったでしょう。世界のさまざまな民族の中で古代ギリシャ人だけが、この区別を確立しました。たとえば、古代エジプト人にはピラミッドを建設するほどのテクノロジーがありましたが、自然と人為を区別する思想はありませんでした。だからミイラになったファラオは不死であると信じていました。科学技術が近代ヨーロッパだけで発達した原因は、古代ギリシャ人がピュシスとノモスの区別を確立したことにあります。

ルネサンスで古代ギリシャの自然学をふくむ文献が再び日の目をみるようになったことが、近代ヨーロッパの科学革命の発端なのです。他の文明でもテクノロジーは発達したし、テクニックとして数学が進歩した例もあります。マヤ人もかなり高度の暦法などを持っていたようです。だが結局、他の文明では、科学とそれを応用した技術の体系的な発展はありえなかった。ギリシャ人が人間の欲求や感情を徹底的に排除して自然を観察したことが、後世の科学革命に道を開いたのです。

そして自然は人間が日常生活の中で習得した知性で探究できるものであり、その成果は奇跡ではない再現可能な事象として誰でも検証できるものでなければならない。たとえば紀元前五世紀のアナクサゴラスは「太陽は燃える石である」と言いました。そこには太陽の神秘化などまったくありません。人が日頃見聞きしている現実とは別の隠れた神秘的世界などあるはずがないから、太陽は燃える石と推測できるのです。ミレトスのタレスは「万物は水である」と言いましたが、神話が支配する社会だったら、一介の個人が宇宙の統一原理について断言することは、神を怖れぬ反逆行為だったでしょう。こうして自然学者たちは先輩や同輩と大胆さと独創性で競い合い、自然を探求する可能性を拡大します。だがその一方で、深遠で荘厳な宇宙を前にしては、人知は有限で相対的な絶えず修正さるべき知にすぎない。人間には神に等しい知識は持てないのですから。

　こうしてギリシャの自然学は、知のデモクラシーとして科学を確立しました。現代の科学は極度に装置化し専門化しているので、一般人には容易に理解できないものです。だから知のデモクラシーといわれてもピンとこないかもしれません。しかし今日でも科学は魔法ではなく科学者は魔法使いではありません。それなりの専門訓練を受け手順を踏めば誰にでもアクセスできる公開された知識です。そして「研究者仲間の評価《ピア・レヴュー》」が重視されるように、少なくとも科学者間のデモクラシーなしには科学は成立しません。無名の研究者がノーベル賞受賞者に反論できるのが科学というものです。

自然に対する敬虔な感情

　そのギリシャでもピュシスとノモスが明確に区別される以前の世界は、いわば魔術的世界でした。それは人間の欲求と感情に彩られた神話の世界です。神話の主題になっているのは権力者です。権力者の権力が神話的な力、魔術的な力となって表現されている。民衆は権力者をカリスマとして崇拝し恭順を誓う。権力者が裁判などを開く時に、神話的な力、魔術的な力が判決に権威と根拠を与える。そうした裁判は事実認定と証拠に基づく公正な裁判ではありえないでしょう。これは私の推測ですが、民衆が公正な裁判を求めて権力者のカリスマ性を打破したのだと思います。ホメロスやヘシオドスの詩にそれが窺えます。ギリシャ神話は権力者のイメージを神から悪魔に逆転させています。ギリシャの神々は、みんな悪魔のような存在です。わがまま、気まぐれ、えこひいき、怒りっぽく嫉妬深い、不死で超能力を持っているので傲慢です。ギリシャは次から次に異民族が侵入してきて混淆した土地だったことも、神話が相対化された一因でしょう。しかし神々の地位の逆転に決定的だったのは、やはり民衆の公正な裁判への要求でしょう。その結果、自然の必然性に原因がある事象と人間に原因があり責任を問える事象が区別されるようになった、過失と罪が区別されるようになった。おそらく、ここにピュシスとノモスの区別の出発点があります。

こうして神々の恣意と不正は排除された。だが、これは不死の神々に対して人間は死すべき存在であることを認めるという代償を伴いました。憂いと苦悩をしらない不死の神々とは対照的に、人間は死すべき悲劇的な存在なのです。またそこに神々の自堕落とは対照的な人間の尊厳がある。「人間は木の葉のようにはかなく散っていく」とホメロスは詠っています。この死すべき人間の悲劇的な尊厳が、法の尊厳を保障するのです。そしてギリシャ人はかつてカリスマ的権力者に抱いていた畏怖と恭順の感情を世界そのものに移入しました。この世界そのものへの畏怖と恭順なしには、事実認定や証拠を重視する司法は生まれなかったでしょう。そこから人間の心情など受け付けない自然を探求する科学の精神が生まれることもなかったでしょう。

『プラトンと資本主義』の中で、私はギリシャ人にみられる「世界への敬虔」について語りました。自然を単に物質としてみる唯物論的な態度からは自然科学は生まれなかったはずです。世界をちっぽけな人間などはるかに超越した荘厳な偉大な存在と感じる感性、それが生み出す敬虔な感情、それなしには科学は生まれなかったのです。

「エートス・アントロポス・ダイモーン」

史上最初の科学者といえるミレトスのタレスに、そういう態度がみられることを指摘できます。彼は厳かに自らの法則によって動いている自然に対して敬虔な感情を抱いて「万物は水である」と言いました。そうした自然への敬虔な感情は、汎神論といった言葉で片付けられるものではない。汎神論は万物を神の表れとする神学的な思想ですが、タレスは神の座にもっともありふれた日常的な物質である水を据えているのです。これは「世界は神々しい」という感情なしには出てこない思想です。こうしたギリシャ人の態度を要約する言葉として、ヘラクレイトスの「エートス・アントロポス・ダイモーン（ΗθοςΑν θρωπος Δαιμων）」があります。これは「住み処は人間にとって神的なものである」ということです。神社に参ると何か落ち着いて清々しい気持ちになる日本人には、理解できる言葉ではないでしょうか。この言葉に関連する逸話も伝えられています。ヘラクレイトスは火を万物の根源とした人ですが、自分の家を訪れた人を囲炉裏端に招き入れて、「神はここにもおられます」といったそうです。

神道文化について評価はいろいろあると思いますが、非西欧世界で科学的業績を上げているのは、ほとんど日本人です。物理学者の湯川秀樹は外国に留学したことがないにもかかわらず、第一級の業績を上げました。どうも日本の神道的風土は、科学の研究に馴染みやすいところがあるのではないかと思います。もちろん、インド人や中国人で業績を上げた科学者もいますが、欧米に行ってその学問環境の中で成果を上げた例ばかりです。インドにはノーベル賞の科学者が二人ほどいますが。中国は一人もいない*。欧米以外の国で自国の中で自国の教育や研究によって科学で業績を上げた国としては、やはり日本が飛びぬけています。神道の風土は科学の精神に親和性があるのではないか。また仏教の諸行無常といった考え方も、近代科学に馴染みやすいところがあります。キリスト教神学の不滅や永遠の観念に比べると、仏教は一切をダイナミックな過程として捉える科学の視角とは同じではないにせよ、矛盾しません。そういう意味では非西欧世界で日本だけが際立って科学的業績を上げていることは、その神道と仏道の伝統に無関係とは思えません。

デカルトの二元論

そこで、再度強調したいのですが、古代ギリシャ人は世界を非魔術化しました。自然と制度、ピュシスとノモスの区別を確立し、世界に対する敬虔な態度が呪術の心性を超克しました。人間は精神で世界は物質という人間中心主義の態度から科学が生まれることはなかった。このことを私は強調したいのです。ですから「我思う、故に我在り」のデカルト的な二元論を科学の論理と受け取ってはなりません。デカルト自身は解析学を作ったけれども科学者だったとはいえない。

デカルトの精神と物質の二元論は、キリスト教的宇宙論の危機から生まれた本質的に神学的な議論なのです。神が創造したはずの世界は、宗教戦争によって、たんなる物体が機械的に連動するだけの暗黒の宇宙になってしまった。スティーヴン・トゥールミンも『コスモポリス』（邦訳『近代とは何か』）の中で指摘していることですが、世界から一切の輝きを剝ぎとりたんなる物質、操作可能な物質としてみることは、神が世界から引きこもり隠れてしまった事態を意味しています。

神の後光を失った世界は闇に包まれ、人間には理性の光だけが残された。こうして人間の思惟でないものは延長としての物質にすぎなくなった。そして神に見棄てられた人間にとって相変わらず理性の光が光である所以は、それが人間による物質的自然の征服を可能にして人間を幸福にするからであるとされる。神の救済や祝福に代わって、テクノロジーによる地上の楽園の創造という主題が登場します。繰り返しますが、これは神学的、疑似宗教的な議論なので、こういうドグマを科学論と混同してはなりません。

＊この談話の後で中国の女性医学者屠呦呦《ユウユウ》が二〇一五年のノーベル医学・生理学賞を受賞しました。この人は漢方の伝統を近代医学の手法で研究して国際的な評価も高かったのですが、博士号を持たず学士院の会員ではない、海外留学の経験もないなどの理由でずっと冷遇されていたと報じられています。受賞は中国の政治文化が科学の研究に適さないことをかえって浮き彫りにしたと言えそうです。

科学における「科学の再魔術化」

そして近代世界の最大の問題は、科学の再魔術化です。といっても科学自体が魔術になったわけではなく、社会が科学を魔術として評価しているという問題です。近代人は科学技術のお陰で空を飛ぶとか、いろいろ魔法のようなことができるようになった。そして魔法使いに秘密の知恵や千里眼があるように、自然の謎はどんどん解かれてきたし、いずれ人間には世界のすべてが分かるようになるだろう。人間は全知全能の存在になるだろう。こういう科学の評価は、魔術信仰です。科学を科学として評価しているのではなく、科学を魔法として評価している態度なのです。こういうかたちで近代人は、科学は人間に力を与えるもの、しかも魔法や奇跡のような力を与えるものと信じる傾向があります。してみると科学技術大国のアメリカで進化論を敵視するキリスト教原理主義が蔓延していることには矛盾などないのかもしれません。アメリカの企業にとっては、科学的知識は資本であり、すごい儲け話で企業を祝福する魔法です。キリスト教原理主義者にとっては、聖書は神の言葉が書いてある魔法の書です。魔術信仰という点では、どちらも似たようなものです。

しかし、古代ギリシャにおける科学の誕生は、全知全能どころか、死すべき人間の冷厳な有限性の認識に結びついていました。近代の科学者も、たとえばニュートンは自分を彼方にある真理の大海を前にして海岸で貝殻を拾っている子供に譬えていました。現代でも本物の科学者は科学が事象を解明する可能性については謙虚で慎重なはずです。科学を魔術にしているのは世間なのです。世間はいずれ科学によってすべてのことが分かるはずだと思っている。だが今でも世界は分からないことだらけです。たとえば地震予知など実現するか分からない。しかも宇宙の彼方といったことではなく、日常の些細なことが分からない。とくに生命関係、植物関係など分かっていないことがきわめて多い。現代の航空工学ではカブト虫が飛べるはずはないそうです。だがちゃんと飛んでいる。いくら科学が発達しても、人間は世界を断片的に僅かに理解することしかできないのです。

戦後の科学哲学の発展

思想史的にみると、科学とロゴスの合理主義は長らくごっちゃにされてきました。この二つがどう違うのかはっきりしなかった。とりわけマルクス主義者はロゴス主義と科学をごっちゃにしてきた典型だと思うのです。これを一概に非難できないのは、科学哲学、科学者が実際に何をやっているのか、事実に基づいて検証しようという科学哲学が発展したのは第二次世界大戦後のことだからです。それまでは、いったい哲学のロゴス主義と科学がどう違うのか、あやふやなままでした。哲学的唯物論ならイコール科学だろうといった誤解もあった。ですから第二次世界大戦後に科学哲学が発展したことが、どれだけ思想史の世界を変えたかしれない。これを強調しておきたいと思います。

カール・ポッパーは、「反証可能性」の議論などで科学哲学に大きく貢献した人ですが、あのポッパーでさえ自分の立場を批判的合理主義といっています。結局、合理主義に落着しているのです。

そういう根深いドグマとなった合理主義の残滓を一掃するためには、ラカトッシュ・イムレとかポール・ファイヤアーベントといった人たちが出てくる必要がありました。ファイヤアーベントなどが科学の本質はアナーキズムみたいなことをいう必要があった。その上にヴィトゲンシュタインを継承したトゥールミンのような人が出てきた。私は科学哲学者としてはトゥールミンを一番評価していますが、彼は科学哲学にとどまらず、歴史家でもあり、文化史家でもあります。科学哲学は、そうした領域をも一新せざるをえないのです。

科学と社会

そして最後に、先に触れた聖書の問題に触れておきます。これは、たとえば科学技術大国のアメリカで、なぜキリスト教原理主義者が進化論を高校の理科の授業で教えることに強く反発し、それが大統領選にまで影響を及ぼしたりするのかという問題にもつながります。世間一般の人は漠然と科学を魔法に対立するものと考えているでしょう。この認識は正しいので、その意味を掘り下げることが肝心なのです。魔法や妖術は人間の主観的な願望や期待や想念で世界を染め上げるものです。これに対し科学は、世界は人間の願望など一顧だにせず世界自体に固有の論理で動いているというハードボイルドな認識のうえに成立しています。

かつては、どの民族でも文化は呪術や神話に呪縛されているのが普通でした。その中で古代ギリシャ人だけが人間の願望や希望を冷静に突き放して捉えるハードボイルドな民族文化を持っていた。そうした文化を条件として、ミレトスのタレスなどの自然学が生まれ、それが後世の自然科学の発端となった。ただし、そのためには鋭く冷徹な知性だけではなく超然として、自らの論理で動くコスモスの深遠で荘厳な秩序に対する畏敬の感情も必要でした。この世界への敬虔な感情によってこそ呪術の心性は克服されたのです。

そう考えると生態学《エコロジー》などは模範的な科学的精神の産物といえるはずです。ところが現代の工業文明は科学の情報をフルに利用する一方で相変わらず生態学をまったく無視して動いています。なぜこんなことになるのか。これはつまり、科学それ自体と科学の研究を奨励し推進する社会の動機付けを明確に区別する必要があるということです。

自然の征服支配は聖書の思想

現代の科学研究は基本的に、自然を資源として開発利用するという動機付けによって推進されています。そのことで科学は称賛されたり非難されたりしています。問題は科学ではなく、この歴史的な動機付けなのです。

そして自然に対するこの態度は古代ギリシャの自然学ではなく、ユダヤ＝キリスト教の聖書に由来しているのです。旧約聖書冒頭の「創世記」を読んでみてください。そこには天地を創造した神は「われわれをかたどり、われわれに似せて、人を造ろう。そして海の魚、空の鳥、家畜、地の獣、地を這うものすべてを支配させよう」（日本聖書協会・新共同訳聖書より引用）と言われたとあります。また神はすべての植物を食べ物として人間に与えたと書かれています。人間が神の似姿として造られたということは、神は人間に神のように動植物を支配する権利を与えたということです。当時の農業経済においては、動植物の支配は自然を資源として開発利用することを意味します。神による世界の創造なるものは、自然が開発利用すべき資源として人間に与えられたということなのです。聖書は自然を征服し支配する人間の特権を神の名で正当化しています。世界は人間が開発利用すべき資源にすぎないという思想は、聖書に由来しているのです。

生命には食物連鎖の問題は不可避ですから、もちろん日本人も動植物を食べたり使役したりします。しかしこのことと、人間は自然を征服し支配する特権を神から与えられていると信じることは次元が違います。大方の日本人にとって、世界を創造した唯一神が存在するか否かはどうでもいい事柄でしょう。しかし、聖書の思想の真髄は神の名で正当化された人間中心主義であるならば、これはどうでもいい話ではない。近代の日本人はキリスト教の受容は拒否しながら、実際には、戦前は富国強兵、戦後は経済大国路線のかたちで聖書の思想に無意識に洗脳されてきたことになるからです。

西欧文明——労働と技術による自然征服

もっとも聖書から一直線に労働と技術による自然の征服を志向する現代の工業文明が生まれた訳ではありません。たとえばギリシャ正教など東方キリスト教会はヘレニズムの影響で、宇宙の摂理を摂理として理解する知的な観照が人間の最高の可能性というギリシャ哲学の遺産を継承したこともあり、自然の労働による征服という思想には無縁でした。ところが西方キリスト教会では聖書の思想とローマ帝国の奴隷制の遺産が融合した。ローマの奴隷は勤勉に働いて蓄財すれば自分を買い戻して解放され、富裕な名士や高位の役人にもなれました。そしてローマ帝国が滅亡した後、アルプス以北の未開の西ヨーロッパでは修道院が古代文化の遺産を保全し、それが西欧キリスト教文明の定礎になった。中でもベネディクト派の修道院は「労働は祈りなり（LABORARE EST ORARE）」をモットーとし、そこで聖書の自然観とローマ奴隷制の遺産が融合して、労働と技術による自然の征服支配を志向する西欧の文明が誕生しました。ナチの強制収容所の門には「労働が解放する（ARBEIT MACHT FREI）」という標語が掲げられていましたが、これはナチズムというより中世以来のヨーロッパ文明の原理なのです。

すさまじい環境破壊など現代の生態学的危機の源泉には聖書の自然観の問題があるということを初めてはっきりと指摘したのはリン・ホワイト・ジュニアというアメリカの歴史学者です。彼は一九六八年に出した『機械と神（*Machina ex deo*）』という著書の中で、自然には人間が利用する資源であること以外に何の存在理由もないというキリスト教の公理が斥けられないかぎり生態学的な危機は深まりつづけるだろうと言っています。この本は世界的な大論争を巻き起こしてしかるべきものでしたが、臭いものに蓋ということか、今でも知る人ぞ知る本にとどまっています。彼に対しては自然の征服という思想はギリシャ哲学に由来するという反論があったのですが、先に述べたようにギリシャ文化を継承した東方キリスト教会はそういう思想に無縁でした。このように欧米人はユダヤ・キリスト教の伝統がもたらした弊害に関しては今でもあれこれ逃げ口上を言うのです。そして笑止なことに、欧米の環境保護運動の中にはまるで十字軍を思わせるような居丈高なものがあります。

聖書の思想の帰結――植民地主義、人種主義

だが問題はこれだけではありません。聖書の思想はさらに二つの帰結を伴いました。その一つは近代ヨーロッパの非ヨーロッパ世界に対する植民地主義です。自然は開発利用すべき資源にすぎないならば、開発の対象はヨーロッパの自然だけにとどまっていてはならない。神が創造した全世界の資源を開発しなければならない。それがキリスト教文明の使命ということになる。ですからアメリカ建国の思想的な父といえる英国のジョン・ロックは、資源豊かな北米大陸を未開発のままに放置しているアメリカのインディアンの怠惰さを理由に英国人の北米への入植を正当化しています。キリスト教と植民地主義の関係は、宣教師が侵略の先兵になったことがあるといった次元のものではない。神が世界を創造して人間に与えたという思想がその根源にあるのです。

聖書のもう一つの帰結は、この植民地主義と密接に結びついた近代欧米人の人種主義です。聖書の思想的核心は人間と動物を峻別することにあります。キリスト教は神と人間の絶対的な隔りを強調し、ゆえにイエス・キリストにおける神の「受肉」がその中心的な教義になる。そしてこのように人間を自然を超越した〈霊的〉存在とするのは、人間を動物から峻別して人間の自然に対する支配を正当化するためなのです。

ここから近代ヨーロッパに特有の人種主義が生まれます。これはたんなる異人種に対する偏見といったものではありません。神に祝福された欧米人だけが完全な人間とされる。だから欧米の白人の成人男性に比べて女性、子供、未開人さらに非ヨーロッパ人一般はより動物に近い不完全

でサブヒューマンな存在ということになる。彼らは不完全な人間なのだから欧米の白人エリート男性に服従しその指導を受ける必要があるということになる。

幕末から明治初年にかけて英国の日本公使だったハリー・パークスはお稲荷さまに参る日本人のことを嘲笑していました。これが聖書に起源がある近代欧米人に特有の人種主義なのです。

進化論の意義

しかしながら近代ヨーロッパでもキリスト教会の権威が揺らぐに伴い、人間を動物として見直す動きが現れてきます。それは十八世紀にビュフォンなどの博物学として始まり十九世紀にはダーウインの進化論を生み出すに至ります。またルソーは先駆的な『人間不平等起源論』で聖書の思想を清算し、一貫して人間を特異な動物として考察しました。もちろん進化論は科学の一仮説、それも未完成で不完全なところのある仮説にすぎません。しかし進化論は生命という現象についてのもっとも一貫した仮説であり、生命の領域には進化の視角なしには説明できないことが多すぎます。こうして十八世紀が人類を改めて動物、生物の種として考察し始めたことは進化論に行き着きました。ここに、思想史における十八世紀の際立った重要性があります。

ですから進化仮説が人間にも適用されるのは必然的なことでした。そこからまた必然的に、生命の誕生や人類の出現は宇宙の偶然の産物にすぎないという結論が出てきます。人間はこの事実を厳粛に受け止めるしかありません。進化論は、科学の仮説であり思想やイデオロギーではない。しかし宇宙は神の意図を反映しているとか、神は人間を特別な存在として造ったといった思想とは絶対に両立しないのです。むしろ進化論からは、こうした人間特別主義とは正反対の結論を引き出せます。動物たちの間では人間は例外的な存在です。ただし欠陥だらけの動物として例外的なのです。人間は本能の機制が甚だしく壊れている動物です。だから人間だけがノイローゼや精神病になったり自殺したりします。そしてもっとも深刻な問題は、人間には動物のような集団形成の本能が存在していないことです。しかも人間は労働分業の下で密接な社会的協力なしには生きていけません。これはどうしようもないディレンマです。人間はこのディレンマを本能ではない創意工夫によって、文化と政治によって解決するしかありません。

ですから人間の社会には自然な本能的基盤などありません。功利主義者や唯物論者は、人間には快楽を求め苦痛や死を恐れる本能があるとして、この本能を基盤として社会秩序を構築できると考えましたが、これは妄想でしかありません。人間においては食欲や性欲さえ文化に深く条件付けられています。

他方で功利主義者や唯物論者の対極には、プラトン以来の理念的国家論者がいます。彼らは、人間には動物にはない天使のような知性や霊性があるから正義の理想国家を作り出せると信じている。これは人間の宿命的なディレンマを無視し隠蔽するものです。この種の理想主義、理念主義は歴史上、数多くの災いをもたらし人類を苦しめてきました。

政治体制としてデモクラシーが望ましい理由は、この体制は人間に自分が過ちやすく脆弱な存在であることを自覚させるからです。常人を超えた超人的カリスマ的人間がいるとは信じないからです。そしてデモクラシーにおいては、先に述べたディレンマの政治的解決は暫定的一時的なものであるべきであることが公認されているからです。これが古代ギリシャのデモクラシーが、人間の賛美ではなく、過ちと錯覚に陥りやすい人間を主題とした悲劇芸術に結びついていた理由です。ダーウィンの意図はどうであれ、進化論は近代人の傲慢な人間中心主義に致命的な打撃を与えました。そこに進化論の倫理的意義があるように思います。

第6章　資本主義とは何であり、何が問題なのか

——たんなる経済現象ではなく、精神史的な問題

資本主義とウェーバー

私が一九八二年に処女作の『プラトンと資本主義』を出した当時、マスコミでも名を知られたある哲学者が好意的な書評を書いてくれました。高校の同窓生で親友の編集者がいまして、その哲学者に会う機会があった。その時に、「関のあの本はどうでしたか」と聞いたら、「あの本はいい本だと思うけど、いまさら資本主義とはねえ」といわれたそうです。当時はそんなものでした。マルクスはすでに過去のものだし、今さら資本主義なんていっているのはおかしいのではないか、そんな時代でした。ところが今は違ってきて、「資本主義（capitalism）」は英国の皇太子さえ使う言葉になっています。この言葉は復活してきた。世界中の人びとが資本主義としか言いようのない何かがあると思っているわけです。

私がなぜこれほど資本主義にこだわってきたのか。それについてお話ししたいと思います。まず、指摘しておきたいのは、キャピタリズム、資本主義という言葉を広めたのはマックス・ウェーバーなのです。ウェーバーの有名な『プロテスタンティズムの倫理と資本主義の精神』が広めたのです。マルクスは『資本論』の中で二回、資本主義、「Kapitalismus（カピタリスムス）」という言葉を使っていますが、彼が論じたのはブルジョア社会の生産様式です。資本主義という捉え方をしていないのです。それを世間の人はえらく勘違いしているのです。現実を資本主義として捉えて、それは一体何か。システムとして何を意味しているのか、それを考えたのはマックス・ウェーバーです。

ウェーバーの危機感

十九世紀末のドイツの知識人はウェーバーだけでなく、ゾンバルトとかブレンターノとか、盛んに資本主義について論じたのです。マルクスとは違う次元で。たんなるブルジョアのビジネスを超えた政治・経済・文化のシステムとして何かがあると感じた。この資本主義という謎めいたものについてドイツ人はいろいろ議論した。その時代背景としては、当時のドイツ人には危機感があったのだと思います。十九世紀初めのドイツは神聖ローマ帝国という中世以来の名で呼ばれた後進地域で、無数の貧しい小さな国家に分裂していました。しかし一方では、ゲーテとシラーの人文主義があり、ドイツロマン派があった。ドイツ的精神性が感じられる人文文化や芸術があった。ところが、ウェーバーが体験したカイザーのドイツ帝国は、エコノミック・アニマルの国でした。富と権力の組織的計画的な追求があるだけで、文化のエトスが何も感じられない。精神性が空無のニヒリズムです。ウェーバーはこの問題に苦悩しました。ドイツでは資本主義はエコノミック・アニマルの論理になってしまっているけれども、その誕生の地であるアングロサクソンの世界を見れば、ピューリタニズムというエトスが伴っていたではないか、それをウェーバーは言いたかった。ただし、ウェーバーによるピューリタニズムの評価は賛美というよりは、かなり両義的なものです。しかし彼は、エトスのないエコノミック・アニマルはドイツ国家を破滅させかねないと考えた。これでは国全体がたんなる巨大な工場になってしまう。そうした不毛な世界をウェーバーは予感したのです。ドイツは文化やエトスの点で破滅に向かっていると見ていた。ですから警世の意味を込めて『プロテスタンティズムの倫理と資本主義の精神』を書いた。資本主義だって文化と無縁だったわけではない。エトスがあってこそ資本主義の発展もあったということです。当時のドイツのマルクス主義者よりもはるかに深いところで、ドイツ帝国の現実を憂慮し批判していました。批判しながらもその解決策を見つけられなかったところにウェーバーの悲劇があります。

高度成長を機に一変した日本

このウェーバーの立場と六〇年代の私が重なるのです。ウェーバーと自分を比較するつもりはありませんが、ウェーバーが置かれた位置は、私には非常によく分かるものでした。私と同世代の人たちには理解されると思いますが、一九五〇年代のとくに後半の日本には、ある意味では、小春日和のようなというか、しっとりとした落ち着いた日常があったように思います。戦災からも復興し、まだ公害問題も起こっていなかったし、貿易摩擦もなかった。映画でいえば、小津安二郎の描いた世界です。小津の映画は、ほのぼのとしたホームドラマなどではなくて、平凡な家族の日常が、いかにさまざまな亀裂や相克の危機を孕んでいるかを描いています。しかし逆に言えば、そうしたドラマを作れるほどの落ち着いた日常の枠組みがあったということですね。そういう当時の日本の社会の雰囲気を通俗的に描いたのが西岸良平のマンガ『三丁目の夕日』でしょう。その一面では一九五〇年代の日本では偏見や差別は、今の日本より厳しかったと思います。たとえば学歴差別です。今なら学歴の違いで生涯賃金がどう違うかといった話になりますが、当時は学歴が違えば人間の格が違うみたいに思われる、そんな時代でした。だから、あの時代を美化したり、郷愁にふける気はないですが、五〇年代に幼少期を過ごした世代には当時の慎ましく落ち着いた日本の記憶があるはずです。それが六〇年安保闘争の後、池田内閣が所得倍増政策を推し進め、経済は高度成長期に入っていく。日本はそれでみるみる変わっていった。私にはこれは構造的暴力としか思えなかった。つまり、上からの強引な近代化でした。高度経済成長は民衆の要望などでは決してなかった。エリートが上から勝手にやったことなのです。これは当時を知る世代として証言しておきますが、当時の庶民が、日本が高度経済成長で豊かになることを要望したといったことはありません。激変していく社会に適応せざるをえなかっただけです。庶民は戦争の心配がなく基本的な衣食住が足りていれば、それでよかったのです。

五〇年代の日本人はアメリカ人の豊かさを見て、「凄いなあ」とは思っていた。でもアメリカは別世界だと思っていました。自分たちもマイカーを乗り回したいとか、自由に海外旅行をしたいなどとは思っていなかった。なにしろインスタントコーヒーが高級品の時代でした。それを別に不満に思わず、そんなものだと思っていた。それが六〇年代以降、みるみるアメリカナイズされた豊かな社会に変わっていったわけです。価値観もそれに応じて変わっていきました。私にはそれは構造的暴力としか感じられず、六〇年代以来の日本の社会にうまく適応できなくなってしまいました。高度成長期の日本では今の若者みたいに経済的に苦労することはなかった。たとえば、私は思いつきで大手マスコミに入り、そこを辞めても、それなりに食べてこられた。私も高度成長の恩恵を受けたことは確かです。しかし、五〇年代の幼少期に作られた精神構造は六〇年代の社会には適応できなかったようです。しかも私がひねくれ者だからそう感じたということではなくて、日本人全体にそういう要素はあったのではないかと思うのです。高度成長を民衆が欣喜雀躍で迎え入れたというより、否応なくそれに巻き込まれていったというのが本当ではないでしょうか。

庶民の反応の一例をあげれば、六〇年代には「ヨイトマケの唄」とか「ねりかんブルース」、「釜ヶ崎人情」といった底辺の人びとをテーマにした流行歌が作られ、それが大ヒットしているのです。渥美清の寅さんものも、まずＴＶシリーズとして始まったのが六〇年代です。六〇年代にはそういう空気があった。ギスギスした競争社会より、五〇年代の落ち着いた社会の方がよかったと思う人たちがかなりいたと思います。もっとも一方では、マイカーを買えるようになって喜んだ人たちもいたでしょうが。六〇年代はそうした時代でした。これが、ウェーバーがエコノミック・アニマルのドイツに感じた懐疑や絶望と重なるのです。ウェーバーのドイツ帝国と六〇年代の日本はいろいろな意味で似ていた。富と権力の追求がすべての不毛な世界、経済至上主義などで重なるのです。そこで資本主義というテーマは私の生涯のテーマになったわけです。

『プロテスタンティズムの倫理と資本主義の精神』について

二十世紀初頭に刊行された『プロテスタンティズムと資本主義の精神』は、その意味でウェーバーの苦悩が秘められた論文です。ここでウェーバーは「近代」資本主義とは何かという問いを提起しています。当時のヨーロッパでは、自由主義者もマルクス主義者も人間には欲望がある以上、資本主義は欲望を効率よく充たすべく自然に生まれてくるものとみていました。だが欲ぼけ資本主義や拝金主義なら古代にもあった。古代ローマは略奪資本主義をやっていたし、高利貸や守銭奴もどの社会にもいた。だが勤倹貯蓄の精神で富を蓄え、それを再投資する、それによって富のための富、富の自己目的的な蓄積を追求するという態度は、近代の西欧においてだけ生まれたものである。宗教改革はプロテスタンティズムを誕生させ、プロテスタント、なかでもカルヴィニズムの倫理において、利得の追求が享楽ではなく禁欲と勤勉に結びつくことになった。

もちろんウェーバーは、プロテスタントの倫理から資本主義経済が生まれたなどという精神論を主張しているのではありません。問題は、プロテスタントの宗教的倫理的選択が西欧のその後の経済発展を方向付け、資本主義をたんなる経済現象ではない価値観や社会倫理に及ぶ文明の在り方に変えたことなのです。たとえば、中世以来の西欧の経済発展は身分制秩序を徐々に掘り崩し職業選択の自由を拡大しました。だがプロテスタントはこの自由に独特の偏向を与えた。職業は「神の召命（Beruf）」とされ、職業生活は自己滅却的献身的に世俗の職業に精励することを意味するものになった。人々は現世の中で中世の修道士のように禁欲し勤行することになった。というのも召命の遂行には魂の救済がかかっていたからです。キリスト教はかねてから誰が救われ誰が地獄に落とされるかは神によって予定されていると説いてきました。だが宗教改革でローマ教会の権威が揺らぐと共に、誰が救済を予定されているのかまったく不確実になってしまった。そこでプロテスタントは信仰への徹底的な献身でつけた自信でこの不確実さを埋め合わせようとした。その典型的な例がカルヴィニズムで、それが英国でピューリタニズムになりました。そしてウェーバーによれば、これがやがて、この世における富の獲得、経済的に成功することが救われた者の印とする資本主義の〈精神〉に変質していったのです。ですから近代の欧米の資本主義には狂ったキリスト教という要素があることになります。

ウェーバーを批判的に検討する

この当時私は、マルクス主義が失権した今こそ、アジやスローガンではない、しっかりした資本主義論が必要になったと信じていました。それはウェーバーの仕事を踏まえたものであるべきと考えていました。だがウェーバーの議論は世界の現状に即して大きく修正される必要がある。ウェーバーは、プロテスタンティズムの倫理に裏打ちされなければ欧米の近代資本主義の発展はありえなかったと論じました。しかし一九八〇年までに日本は、キリスト教には無縁な国なのに、GDP世界第二位の経済大国にのしあがり、優秀な工業製品の輸出でアメリカを脅かすほどになっていました。戦後日本の経済的成功は、ウェーバーのテーゼを完全に論駁しているように見えました。

しかしウェーバーの議論は、宗教的信条が経済発展を左右するといった単純皮相なものではありません。彼は、カルヴァン派やピューリタンに独特の、生活と労働において厳格な規律を重視する方法的合理主義をことのほか強調しています。だからウェーバーの論文は合理化論としても読めるのです。実際彼は、宗教改革当時のプロテスタントの熱狂が過去のものになった時代にも、この方法的合理主義は確固として生き続け、近代世界の冷たく非人格的な機械の秩序になったと指摘しています。

ウェーバーは、この視点をもっと掘り下げるべきだったと私は考えました。この方法的合理主義は結局、聖書ではなく哲学、ソクラテスとプラトン以来のヨーロッパ哲学のロゴスが生み出したものではないか。ヨーロッパにおいてだけ資本主義が誕生したことは、プラトンからヘーゲルにいたる西洋哲学の伝統に関係しているのではないか。そう考えると、日本の経済的成功もある程度説明がつく。プラトンはアカデミズムの元祖であり、ヨーロッパの伝統においては哲学と学校教育は深く結びついていました。そして日本は、キリスト教は受け入れませんでしたが、明治の学制以来、学校が合理主義の福音を広める教会に、教科書が聖書になってきた国です。それならば学歴で天国に昇るか地獄に落ちるかがかなり決まった戦後日本の社会が、日本株式会社の成功をもたらしたことはさほど不思議ではありません。

ニーチェはキリスト教のことを「大衆向けのプラトニズム」と言ったことがあります。キリスト教の実体は哲学的合理主義で、それが大衆向けに信心の衣にくるんであるということです。私の『プラトンと資本主義』は、このニーチェの言葉に全面的に依拠しています。そしてウェーバーは、宗教だけを視野に入れ、カトリックとプロテスタント、ルター派とカルヴァン派の神学的教義の違いといったことに拘りすぎていると批判しています。しかし後でお話ししますが、これは私の現在の立場ではありません。キリスト教は、やはり宗教として欧米の経済を突き動かしてきたのです。そして思想史的にみれば、キリスト教の名の下にギリシャの哲学とヘブライの信仰が葛藤しながら共存してきたことが問題なのです。とにかく私がこのようにウェーベリアンとして資本主義論を始めたということは、資本主義とはたんなる経済現象ではなく、根本的には精神史的な現象ないし問題であると考えてきたことを意味します。

近代資本主義と精神病

二〇一三年に出版されたライア・グリーンフェルドの『精神・近代性・狂気（*Mind, Modernity, Madness*）』（未邦訳）は、私自身が漠然と予測したことに、きちっと言及して書いているきわめて注目すべき本です。この人はユダヤ系ロシア人で、イスラエルの大学で学び、その後アメリカに帰化した女性の社会学者ないし社会史家です。この『精神・近代性・狂気』の中で、精神病の中でも重い心因性のもの、統合失調症、躁鬱病は近代以前からあったものではないと指摘しています。近代以前にも器質性の精神疾患はあったが、統合失調症、鬱病は近代社会の産物だと言っています。「マッドネス（madness）」という言葉自体、十六世紀の英国で初めて生まれたもので昔からあった言葉ではない。そういう〝mad〟な人間を収監する精神病院も十六世紀の英国で生まれた施設でした。当時、重度の心因性精神病はヨーロッパ各地で「イングリッシュ・マラディ

（イングランド病）」の名で通っていました。未知の新しい病気が英国で出現した。

この事態を鋭く観察していたのが、他ならぬシェークスピアでした。シェークスピアの演劇は現代の精神科医が読んで感嘆するくらい精神病の症状を的確に描いている。ロンドンにある精神病院へ観察に行ったのではないかと思われる、そこで観察した患者の有様を詩人の想像力で補って心の病を的確に描き出したと考えられます。「リア王」、「オセロ」などがそれです。明らかにシェークスピアは英国に新しい病気が生まれたことを認識していました。シェークスピアにとっては、演劇は社会を映す鏡ですから、この新奇で異常な現象を見逃すことはありませんでした。

十六世紀英国における心因性精神病の発生には、シェークスピアという証人がいるわけです。そして十七世紀になると、このイングランドの病気がさらに深まっていく。宗教改革と共にプロテスタンティズムが信仰の純粋さと禁欲を強調するピューリタニズムを生み出した頃ですね。マッドネスの蔓延とこれが重なるわけです。当時のフランスは、いろいろな点で近代化の先頭を切っている英国がやることをあれこれ真似しました。それで英国の真似をして精神病院も作ったのですが、収容する患者がいなかったそうです。ところがフランス革命で旧体制が清算されてフランスが産業社会へと舵をきると、途端に統合失調症や鬱病が現れ、収容する患者がわんさと出てきたというのです。

私自身うすうす考えていたことを彼女は豊富な資料に基づいて実証的に研究しています。また彼女はミシェル・フーコーの『狂気の歴史』を二つの点で批判しています。フーコーは狂気を論じる際に「フォリー（folie）」というフランス語を用いています。これは昔からあった「気のふれた」といった言葉ですが、それを近代のマッドネス（心因性精神病）と区別せずごっちゃにしているという批判です。精神病（マッドネス）は近代の産物であることを見落としているという批判です。もう一つ、フーコーは精神病自体を人間科学が作り出したフィクションだと言っていますが、心因性精神病はフィクションどころか、はっきりと英国で発生し、患者に地獄の苦しみを味わわせる現実の病であると批判しています。丹念な文献の渉猟に基づく実証的な本です。

競争・自己実現への強迫

グリーンフェルドは以前に『ナショナリズム（*Nationalism*）』（未邦訳）という本を出しています。彼女のナショナリズムの定義はきわめてアングロサクソン的なもので日本人にはピンとこないかもしれません。日本人の場合は、民族とかナショナリズムという言葉で、民族性、文化、伝統といったものを思い浮かべるでしょう。ところが彼女は、封建的身分制を清算した社会をナショナリズムの社会としています。すべての人間は民族の成員として自由で平等であるとする社会です。もう一つは人民主権が国家の原則になっていることです。そういう社会では、身分制の時代なら身分の掟を守って生きていればよかったものが、競争して自分だけを頼りに自分の価値を証明しなければならない。自由の反面として、業績を絶えず積み上げて自己を実現することがこの社会では強迫観念になる。しかもこの社会は職業選択の自由をはじめ、自由な選択の余地が各人に最大限に開かれている。そうなると個人は絶えず困難な選択を迫られ、それが自己実現への強迫観念をさらに強める。これが近代的自由の対価なのだと彼女は言っています。

このように彼女は、アングロサクソン的なデモクラシーのことをナショナリズムと呼んでいるのです。身分制がなくなった競争的な個人主義社会、それがストレス過多社会となり、それに耐えられず、押しつぶされる人間がでてくる。ですから資本主義の文化が精神疾患の背景にあるわけです。この視点から彼女は現代の精神医学を厳しく批判しています。今どきの精神医学は相変わらず精神病には生物学的要因があると主張し、文化的社会的要因を無視している。そのうえ個人と社会を分けて考え、個人の特異体質で発病するとしている。実は社会的要因を個人が内面に取り込んだ結果として、精神病になることを理解していない、と現代の精神医学を批判しています。

ピューリタニズムと精神疾患

この十六世紀は宗教改革、プロテスタントの登場と重なる時代です。プロテスタンティズム、中でもピューリタニズムは、それ自身がマッドネスの要素を持つもので、マッドネスの穏やかな形態だったともいえます。ピューリタニズムは精神病理だといった人は昔からいました。またカトリックのイタリアとピューリタニズムの米英では精神病の様態がかなり違うようです。イタリアは先進国の中では精神病が少ない国です。アメリカは学者の業績競争が原因なのかもしれませんが、増えています。マッドネスにピューリタニズムとの繋がりがあるとなると、資本主義という問題は精神史の次元を超えて、もっと突き詰める必要があるでしょう。

資本主義の根本問題は精神病理ということになるのではないか。これは人口の数パーセントが統合失調症になるといった話ではなくて、人口全体に症状の軽重はあれ、精神疾患が広まっているということではないか。現にアメリカ人は五人に一人に精神疾患の症状があると言われています。資本主義のどこがよくないかといったら、その下ではきわめて多くの人びとに精神疾患ないしそれに準ずるような心的状態が見られることです。これがもっとも重大な問題で、これに比べれば経済の歪みや混乱は二次的な問題です。資本主義を問題にすべきなのは、それが精神病理学的な問題だからです。すべての人が精神疾患の脅威に曝される。しかも恐ろしいことに、いわゆるサイコパス、精神病質者が社会のエリート層の中に少なからずいる可能性がある。日本も大立者とか有名人とかといわれる人たちの中に精神疾患を疑いたくなる者がいる。アメリカのウォール街あたりはサイコパスだらけでしょう。そうしたサイコパスがエリートとして権力を振るえる地位にいる。そうした連中が核兵器のボタンを押したらどうなるのか。昔のキュブリックの映画『博士の異常な愛情』のDr.ストレンジラブのような人物が現れかねない。

マルクスの「疎外」概念

グリーンフェルドの『精神・近代性・狂気』は、私にとってわが意を得たり、といった内容なのですが、英国から始まり、フランス、ドイツ、ロシアなど欧米での精神疾患の社会史を実証的に調べ、記述しています。彼女はマルクスについても面白いことを書いています。マルクスの若い頃の著作『経済学・哲学草稿』の疎外論についてです。マルクスの疎外はドイツ語で〝Entfremdung〟といいますが、これはヘーゲルから継承したものです。ヘーゲルの疎外の観念をマルクスは観念論から唯物論のものにひっくり返したというのが、これまでの説明でした。グリーンフェルドが言うには、マルクスは若いころ雑誌『独仏年報』の編集者としてパリに滞在していた時期がある。フランス語では疎外を〝Aliénation〟といいますが、この言葉は精神疾患にも使われる言葉です。英語では〝mental alienation〟といいます。マルクスが滞在していた当時のパリは〝Aliénation mentale〟、精神病という言葉が時代の新現象として大流行していたのだそうです。マルクスはそれに影響を受けた可能性がある。マルクスの「疎外」はヘーゲル哲学だけではなく、フランス人のいう精神病も念頭にあった可能性がある。その証拠にマルクスの議論では、まず世界からの疎外があり、それが他者からの疎外になり、最後は自己自身からの疎外になる。これは統合失調症の病状の進行過程と同じだというのです。だから本人は、どこまで意識していたかは分からないが、彼の疎外論は、当時のパリの空気に影響されて、精神病理論として書かれた面があるのではないかと論じています。

また、彼女はマルクス自身にも精神障害の要素があったのではないかと言っています。これも「わが意を得たり」の思いなのですが、マルクスが最初に世に問うた論文は「ユダヤ人問題によせて」です。前に述べたように、彼の出発点にゲットーから解放されたユダヤ人としてのアイデンティティの危機という問題があった。マルクスは、自分はドイツ人なのかユダヤ人なのかという問題に生涯悩んだようです。マルクスの革命論はこのアイデンティティの危機に無関係ではありえない。迫害されてきた民であるユダヤ人が収奪者を収奪するプロレタリアートに衣替えしたのです。これは、私が以前から言ってきたことです。

日本ではなぜ精神病が少ないのか

グリーンフェルドがナショナリズムと呼んでいるものは、ロック的な個人主義、ロック的社会契約論の世界といったほうがよいと思います。そのうえ彼女自身も『精神・近代性・狂気』の最後で、近代の精神病はナショナリズム――私の言葉でいえば競争的個人主義の文化ですが――だけで説明できるとは思っていないと言っています。アジアの国はかなり近代化しても欧米ほど精神病が増えていない。してみると近代の精神病にはナショナリズム以外にも原因があるのではないか、精神病の発症率はアジアと欧米の文化の違いが絡んでいるようだ。これは一神教とか、ヨーロッパ的な論理に関係があるのかもしれない。だから今後は比較文明論を自分の課題にしたいと言っています。アジアで精神病がそれほど増えていない例として、彼女は中国を挙げていますが、中国は人口の九億が貧農の国ですから、適切な例とはいえないでしょう。

私は日本が最適な例になると思います。日本は先進国ではイタリアと並んで精神疾患が少ない国です。鬱病などは増えてきていますが。ＧＤＰが世界で二位、三位といったトップクラスの先進国の日本で精神疾患がきわめて少ないのはなぜなのか。この事実は社会医学や疫学にとってだけでなく、この国の未来を考えるうえでもきわめて重要だと思います。

日本で精神疾患が少ないのはなぜか。それでふと思い出した議論があります。あるアメリカの社会学者が、社会が近代化したことを示す一つの指標として、合唱舞踊（choral dance）の消滅をあげていました。民衆が輪になってそろって歌い踊るという習俗です。ところが日本の盆踊りは典型的な合唱舞踊ですね。これを東京の都心でさえやっています。全然、時代遅れの風習などと思われていませんし。団地などで盆踊り大会をやっていますしね。日本の社会のこういう体質が近代化に対するショック吸収装置として働いているのかもしれません。日本は確かにＧＤＰ二位、三位の経済大国になりましたが、文化の核の部分では近代化していないところがある。それが救いになっているのではないか。日本の近代化は不充分だという議論がまだ蔓延《はびこ》っていますが、近代化に耐え対抗してきたおかげで精神病が少ないという日本の社会の体質を再評価すべきです。

もう一つ考えられるのが、アングロサクソン的な徹底した業績論理に対して、日本の社会は帰属論理が強いことです。そのために日本人は主体性の欠如だとか集団主義とかを批判されてきましたが、帰属ということが日本人を精神的に安定させてきたのではないか。確かにおかしな組織への帰属意識は困りますが、帰属論理を否定してはいけないと思いますね。日本人の帰属意識もやはり社会契約で、それが自分と社会全体に利益になるという条件があります。高度成長期には会社への忠誠心はサラリーマン自身にもプラスと思えた。今は、サラリーマンはしょせん社畜にされている。しかし、日本人独特のふるさと意識や仲間意識は相変わらず日本人の精神的安定に大きく貢献しているはずです。ですから、帰属意識が社会を歪める危険に留意したうえで、帰属論理が精神の安定に寄与していることを認めるべきでしょう。

資本主義はあくまでヨーロッパの産物

私がグリーンフェルドの著書を高く評価するのは、似たようなかたちで資本主義の問題にアプローチをすることを長年考えてきたからです。ご存じのようにウェーバーは、なぜヨーロッパにだけ資本主義が成立したのかという問題を生涯問い続けました。たんなる略奪の資本主義とか守銭奴や高利貸しの資本主義は古代からどの社会にもあったが、ヨーロッパのように意識的、計画的、体系的に資本の蓄積を追求する近代資本主義はヨーロッパにしか生まれなかった。日本や中国にも貨幣や商業があり、蓄財する者はいたが、近代的な資本主義は生まれなかった。今は欧米以外の国もグローバル資本主義に一応は適応しているけれども、どこか本物ではないところがある。それが精神疾患の比率などにも表れてくるわけです。してみると、近代資本主義はたんなる経済の在り方として解明できるものではない。むしろ、欧米の経済学自体、ヨーロッパ文明に特有の価値観やモラルの産物なのです。だからウェーバーは経済行為と宗教の関係にこだわりました。

ところで資本主義を経済活動として成立させているのは経済学ではなくて会計学です。貸借対照表と損益計算書で資本主義の企業経済は成立している。経済学そのものは資本主義の解明にもコントロールにも役立っていない。中世の西欧ではスコラ神学が教会の権力を正当化していましたが、経済学は資本主義を正当化している近代のスコラ神学なのです。しかし、これは神学だからナンセンスだということではない。むしろ神学なればこそ経済学には資本主義の秘密を解く鍵が隠されている。これが『プラトンと資本主義』以来、私が一貫して追求してきた問題なのです。

そして、私が現在、到達している結論は、欧米の経済思想は罪の経済を概念化し、学にしたものだということです。西洋は罪の文化、日本は恥の文化というよく知られた説がありますね。ルース・ベネディクトの『菊と刀』などその典型です。この説は欧米人の優越感の産物だと思います。日本文化は薄っぺらで外面的な文化であり、キリスト教の西洋文化には内面的な深さがあると言いたいのでしょう。しかし、日本にもツミという言葉は昔からあったし、罪の概念を日本人が知らなかったわけではない。罪の処罰もやっている。反対にヨーロッパにも〝shame〟、〝honte〟、〝Schande〟といった恥の概念がある。だから西洋は罪の文化、日本は恥の文化というのは、意味のないレッテル貼りにすぎない。

「罪の経済」という視点

ヨーロッパ文明を特徴づけているものは、罪というものを経済的に解釈することです。これは具体的にどういうことかというと、古代末期にキリスト教がユダヤ教を土台にして生まれた過程でヨーロッパがヘブライズムを取り込んだ結果です。聖書によると、人間は神に創造されたが、神の命令に背いて禁断の木の実を食べたために楽園から追放されてしまい神罰として労働せざるをえなくなった。だからアダムとイブ以後に生まれたすべての人間は神に対して償うべき罪、無限の負債を負っているという考え方です。この聖書の思想は容易に経済思想に変化しうるものです。そしてローマ帝国の終焉の時代に、西方キリスト教会の神学の定礎を作り出した聖アウグスティヌスは、アダムとイブの楽園追放の寓話を人類の生まれながらの原罪の教義に仕上げました。人間は生まれると同時に、神に対し返済不可能な負債を負うていて、債務不履行の代価は死と地獄なのです。

このようにヨーロッパ文明の特徴は「罪の経済（guilt economy）」にあると私は考えています。これはヨーロッパに独特のものです。同じ一神教といってもイスラムには罪の経済的解釈といえるものはないと思います。そもそもユダヤ教もイスラムもアダムとイブは原罪を犯して楽園を追放されたとはしていません。またイスラムは、イエスをムハンマドに先立つ預言者とはしていますが、人類の罪を償うために死んだ救世主ともしていません。十字架上で死んだのはイエスのそっくりさんだったことになっている。キリスト教でも四世紀に聖アウグスティヌスがその神学の定礎を据えるまでは原罪の教義はありませんでした。この教義は、教会だけが物事の善悪の知識を持っていて人間を罪から救えるので、人はすべて教会の指導に服すべきことを説くためのものでした。

アラブ人には、経済はたんなる富の問題です。だからコーランの戒律で貧者への喜捨が義務といったことはあっても、経済活動自体が負債を返済することによる神への奉仕だといった考えはありません。この罪の経済は、キリスト教というかたちでローマ帝国の遺産とヘブライズムが融合したことから生じました。ローマの奴隷制とキリスト教の原罪論が初期中世の修道院の中で融合して、そこから人間の神に対する負債、罪滅ぼしとしての労働、負債返済のための労働がでてくるわけです。

私がみるところでは、ウェーバーがプロテスタンティズムとして問題にしていることは結局、この罪の経済に帰着します。宗教改革のきっかけになったカトリック教会の免罪符の販売は、まさに罪の経済を実践したものです。魂の救済を金で買えるというわけですね。教会が免罪符を販売したことの舞台裏はどうであれ、罪の経済という観念がなければ免罪符など成立するはずはない。日本にも神社のお賽銭などありますが、それで罪を免れるといったものではない。お賽銭はそれで「お願いした件よろしく」という神様へのお中元やお歳暮みたいなものです。罪滅ぼしのためにお賽銭をあげることは日本人には考えられない。免罪符は罪の経済がなければ成立しなかった。この免罪符に対する抗議で、罪は免罪符を買えば消えるようなものではない、純粋な信仰、ひたすら禁欲的で自己滅却的な信仰によってしか消えないとしたのがプロテスタンティズムでした。それが近代のアングロサクソンにおいて資本主義に適合したエトスになっていると考えられます。

ヴェブレンの「商売人根性と教会」

さらに中世のカトリック教会について、日本でも『有閑階級の理論』で知られるソースタイン・ヴェブレンがたいへん面白いことを書いています。「商売人根性と教会（Salesmanship and the Churches）」というエッセイです。ヴェブレンは常に、クールで規律あるエンジニアの「職人根性（workmanship）」と虚栄虚飾妄想に耽る拝金エリートの「商売人根性（salesmanship）」を対比します。ヴェブレンに言わせると、企業にとっては、まったく意味のない無価値なものを、消費者にできるだけ長期的な月賦で売りつけるのが理想である。それなりに製造に元手のかかった商品を売って何とか利潤があるなんてことよりも、元手ゼロの、たとえば空気を長期の月賦で売ることができるなら企業にとって最高の理想である。ところが、その企業の理想を実現したのが、中世のカトリック教会だった。魂の救済という無を生涯にわたる月賦で信者に売りつけていた。教会はセールスマンシップの模範であり、近代企業にしてみればうらやましい商売をしていたとヴェブレンは言っています。だから、中世のカトリック教会自身が罪の経済の独占企業であったという解釈もできるわけです。

そういう点で、ウェーバーのプロテスタンティズム論をもっと深め、日本人ならではの第三者の目で罪の経済を論じる必要があると思います。しかも、これは単なる思想史の課題ではなく、リアルな問題です。アメリカの銀行や大企業のＣＥＯ、最高経営責任者たちは何百億といった年俸や退職金をもらっていますが、そんな金は使いきれないでしょう。アメリカにレーガン大統領が登場して以来、アメリカ資本主義の精神として貪欲（greed）ということが言われますが、貪欲なんてかわいいものですよ。どんな貪欲な人間でもキャビア一トンは食べられません。巨額の報酬は貪欲ではなくて、神に奉仕する苦行によって救われたことの徴なのだと思います。彼らＣＥＯは倒錯したピューリタン、罪の経済の司祭なのです。日本の場合、大企業のトップなどに脂ぎった人種はいくらでもいますが、罪の経済の神がかった使徒はいないでしょう。

ニーチェによる「罪の経済」批判

神道と仏道の日本人には罪の経済は結局、理解できないものです。日本にもアメリカの真似をして最高経営責任者を気取る人種はいますが、しょせん日本の経営者は、世界を自家用ジェットで飛び回りながら食事はハンバーガーで済ませ何億ドルの預金があっても将来が不安といった倒錯したピューリタンにはなれませんよ。このようにヨーロッパにおける資本主義の誕生と生成は罪の経済の視角から考察されるべきものです。そうなると、ウェーバーは結局、正しかったことになるのではないか。プロテスタンティズム、キリスト教そのものが資本主義の成立に深く関わっているというウェーバーの視点は正しかった。ただ彼はそれを罪の経済にまで発展させなかった。プロテスタンティズムの倫理と資本主義の関係にとどまった。しかし問題の核心をつかむ寸前まで行きました。

ただ、罪の経済という言葉を使ってはいないけれど、事実上、この問題を論じているのはニーチェです。ニーチェの『道徳の系譜』は罪を負債として論じています。だから、あの書は罪の経済論なのです。私に言わせると、十九世紀において資本主義の本質をいちばん深く理解していたのは、マルクスではなくてニーチェなのです。ニーチェは罪という負債がヨーロッパをいかに呪縛してきたかを論じています。

「罪の経済」の克服

そしてこの罪の経済という視角から資本主義でない経済、かつての社会主義とは別の脱資本主義の経済が考えられるのではないでしょうか。

なぜ資本主義が果てしない経済成長に行き着くのか。そこには果てしない罪の贖罪がある。そこに行き着きます。たんなる経済の様式やテクニックの問題ではなくてね。経済成長をやめなければ人類の存続が危うくなることがはっきりしているのに、成長至上主義から脱却できない原因は、宗教のかたちをした神経症なのです。だからローマクラブが一九七二年の報告で「成長の限界」を科学的に証明しても経済の方向転換が起きない。今後、欧米の社会がどうなるのか、それは分かりません。欧米の若者はキリスト教離れが目立つようですが、どこへ向かうか分からない。しかし、日本は神道と仏道の国ですから罪の経済に付き合う必要は全然ないわけです。近代日本は欧米諸国からの外圧に対抗するために資本主義の手法で近代化してきましたが、日本人の心性は罪の経済を受け容れていません。日本は神道、仏道の伝統に即した経済システムを作るべきと思っています。

資本主義下の貨幣とは何か

貨幣はどんな文明でも使われていますが、近代資本主義の下で銀行が管理している貨幣は他の文明とは違った意味を持っています。欧米の経済学は純粋で抽象的な価値自体というものが存在すると考える。銀行マネーはそのことにつながります。イスラムや中国や日本で、貨幣は基本的に商品の交換手段でした。ところがロゴスと原罪の伝統を持ったヨーロッパにおいては、貨幣は純粋で絶対的な価値を象徴するものになります。他の文明にも守銭奴や高利貸はいますが、貨幣を抽象的な量として蓄積すること自体が目的になることはない。ところがヨーロッパ文明にはプラトンのイデア論の流れで、絶対的価値という思想があるから、貨幣はさまざまな状況と文脈の中で使われる交換の手段ではなくなり、価値を保蔵する手段としての貨幣を量的に蓄積することが課題になってくる。こういう社会の状況や文脈から切り離された絶対的貨幣は、ヨーロッパにだけ存在したものです。

銀行はまさにそうした貨幣を扱う制度なのです。貨幣のための貨幣を扱い、貨幣を利子が付いた負債として売ることで貨幣価値の抽象的な蓄積を追求する。貨幣が自己目的になっています。これに対してイスラムでは、貨幣は生活や暮らしから切り離されていない交換の手段です。だからイスラム銀行は、コーランの戒律の枠内で経済活動を促進していて、ヨーロッパの銀行より人間臭い部分を持っている。貨幣は金もうけにも使うが、利子はとらず、融資のリスクはもっぱら銀行が負う。近代ヨーロッパの銀行にみられる貨幣の反社会的な自己目的性は、高利貸や守銭奴の人間臭い浅ましさとは次元が異なる。それは貨幣崇拝それ自体が制度として完成されたものです。ヨーロッパで生まれた資本主義は、状況、文脈を捨象した「絶対の追求」をやっているわけです。だからマッドネスだということになる。ウォール街のやっていることは悪業というより、マッドネス、狂気だという認識が必要です。

精神病理としての資本主義

プラトン、ウェーバー、資本主義と話してきましたが、現在の私の立場は、資本主義は本質的に精神史的な問題であり、それはさらに精神病理学の問題に行き着くというものです。資本主義は貧困とか搾取ということよりも精神病理で人間を不幸にするということです。仮に、貧困、搾取のない資本主義があったとしても、精神病のない資本主義はありえないだろうということです。

もう一つが科学の問題です。近代資本主義は科学的知識の応用なしにはありえない。マルクスにはこの視点はなかった。産業資本主義の時代ですから、町工場で簡単な機械を使って商品を作ればどんどん売れた時代です。マルクスはその時代の経済を分析しています。彼も最後には機械制大工業の出現に言及してはいますが。マルクスの時代は今言ったように簡単な機械で商品を生産すれば、それがいくらでも売れました。この無限に拡大する市場に比して資本が絶対的に不足していたのです。当時は銀行もまだ完備していません。資本の不足が原因となって、資本家による労働者の搾取という現象が起きた。資本主義の幼児期だからそういうことが起きた。

しかし、成熟した資本主義では搾取は問題にならない。ヘンリー・フォードのように労働者に自分たちが作った自動車を買えるほどの高い賃金を払う必要がある。豊かな消費者でもある労働者、これが成熟した資本主義の原則です。しかし昨今、いわゆるブラック企業など、搾取というしかない現象が復活していますが、これは資本主義の没落の印です。安く豊富なエネルギーと技術革新という経済成長の条件が消滅したので、企業は人件費の切り詰めによってしか利益を出せない。これは資本主義の終わりを意味しています。

資本となった科学知識

資本主義と科学知識ということでは、コロンブスのアメリカへの航海は科学がビジネスに応用された最初の画期的な例でした。コロンブスの航海は無鉄砲な冒険ではなく当時のヨーロッパの最新の天文学や地理学の知識に基づいて計画されたものでした。その後、一貫して科学知識の応用なしには、資本主義は発展してこなかったのです。今の資本主義がもたらしている危機といえば、原発事故、温暖化の危機とか、資源の枯渇とか、生態系の崩壊とか、精神病理の脅威と並ぶ深刻な問題がありますが、これらは資本主義による科学の利用に起因しています。資本主義の根本問題は、銀行金融と精神病理と科学知識の資本化、これに尽きるというのが私の立場です。

なぜヨーロッパで資本主義が成立したか

ウェーバーは「なぜキリスト教的ヨーロッパにおいてだけ資本主義が成立したのか」という問題を解明することを生涯の課題にしました。一時期、これはしょせん、ウェーバーの西洋中心主義をしめすものだという批判はありましたが、今改めて振り返ると、資本主義はキリスト教と深く絡み合っていることが確認できます。ウェーバーがプロテスタンティズムの倫理としたものは、罪の経済的解釈のことなのです。だからアプローチとして、キリスト教と資本主義という問題のたて方は正しかったのではないか。資本主義に普遍的世界史な必然性などありません。近代日本が極東の国でありながら近代化していわゆる経済大国になったことが、資本主義は普遍的な現象という錯覚を生んでいるのかもしれません。しかし、この日本でさえペリーの黒船など欧米列強の軍事的脅威なしには西洋化することはなかった。現在の世界では、中国でさえ一見資本主義化していますが、どうみてもその実態はハリボテなのです。欧米のやっていることを見よう見まね、かたちだけ真似ている。アメリカの覇権に順応しているだけで独裁体制がそういう順応を国民に強制しているだけです。日本にしても、戦後にアメリカの事実上の保護国になることなしには順調な資本主義的近代化はありえなかったでしょう。また日本の場合は、後でお話ししますが、すでに近代以前からヨーロッパに似た多元的社会や市場経済が存在していた世界でも例外的な国で、資本主義的近代化に適応しやすかったということも指摘できると思います。その一方、ロシア正教のロシアでは旧ソ連の崩壊後も混乱が続いていて資本主義が軌道に乗ったとはいえません。いくら資源とテクノロジーが潤沢にあっても、それだけでは資本主義は成立しないことが分かります。そのためには罪の経済という〈精神〉が必要なのです。そしてロシア正教には明確な原罪の教義はありません。

第7章

貨幣の崇拝と通貨改革の思想

――グローバル金融システムの支配からどう離脱するか

「罪の経済」と貨幣

キリスト教では自由とは罪からの自由です。そして罪の経済においては、神に対する負債を少しでも返済するために富をできるだけ蓄えて神による救い、無罪放免を待ち望むことです。人間はエデンの園で神命に背いた原罪によって神罰としての労働を科された債務奴隷だからです。富は人間を死から解放し永遠の生命を約束するはずなのです。しかしこれはモラル、経済倫理にすぎない。では罪の経済はどのようにして制度になるのか。それは貨幣という制度によってです。この罪の経済の制度化のもっとも分かりやすい例は、自由主義の祖ジョン・ロックの議論です。彼の『統治論』を読んでみましょう。*

教科書的な理解では、ロックは個人の自由を政治の原理にした思想家とされています。だが彼は人間の自由など論じていません。「すなわち人間は、唯一なる最高の主の命によってその業にたずさわるために地上へ送られた召使いであり、主の所有物であり、主の作品であって、人間相互の気ままな意志によってではなく、神の意のある間、生存を許されるものだからである」(一〇頁)。つまり、人間は神が所有する奴隷なのです。そして「神とその理性は、人間に土地を開墾すること、すなわち生活に役立つようそれを改良し、そこに彼自身のものである何ものか、つまり彼の労働を投下することを命じたのである」（三七頁）。世界を人間に役立つ資源として開発利用することは、神への奉仕とされます。だから土地の開墾で獲得した私的な富は、人類の共有財産の横領や強奪を意味しない。しかし神と自然の古来の掟は、大地とその産物は神がすべての人間に分かち与えた富としている。ロックもこれは否定できない。そこで彼は巧妙な遁辞《とんじ》に訴える。個人が、自分が消費できる以上の収穫物をため込み腐らせてしまったら、これは社会から共有財を奪ったことになる。富の持ち腐れは神と自然の掟に反する。だが彼が収穫物を売って貨幣に変えたならばどうか。金属の貨幣は消耗することも腐ることもない。そして「耐久性と希少性があるもの、それゆえに貯蔵するだけの価値があるものが何かなければ、たとえ土地がどんなに豊かであっても、また取り放題に取ることができても、人々はその土地という所有物を拡大しようという気にはならないであろう」（五三頁）。

このようにロックの議論は、貨幣という制度が罪の経済を可能にしていることをはっきり示しています。ただしこれは、日本や中国やイスラム世界にもあったような、社会生活の文脈に織り込まれた貨幣制度ではない。社会の文脈や状況から切り離された貨幣、絶対的抽象的な「価値」自体を象徴している貨幣なのです。そういう貨幣だけが、フェティッシュになり、自己目的的な蓄積の対象になりうるわけです。ですから西洋文明における貨幣の問題は、プラトンのイデア論

＊宮川透訳『ロック　統治論』より引用。

以来のヨーロッパの存在論と切り離せません。イデア論は現実を転倒させ、現実の世界はイデア（観念）の影にすぎないとしました。プラトンのフィロソフィア、知への愛としての哲学の正体は、実は貨幣への愛なのです。

貨幣の起源――メソポタミア

このように思想史の観点でみると、経済史と宗教や哲学の歴史が密接に重なることに気が付きます。ウェーバーが考えていた以上に経済と宗教や哲学の問題は重なるのです。そこでこの宗教史と経済史の重なりという視点から貨幣の歴史を振り返ってみたいと思います。

まず、貨幣の出現を歴史的に遡ると、古代のメソポタミアまで遡ることになります。どうして貨幣が生まれたか。古代のメソポタミアで文字と数字が発明され、それによって、たとえば、「羊五〇頭」といったかたちで、帳簿をつけることが可能になった。これで貨幣が誕生したのです。帳簿なしでは貨幣は意味がないですから。そこから帳簿による経済の会計管理が可能になった。一般の貨幣は商業の手段という議論は、この会計とか帳簿というものを無視しているのです。まず、帳簿による会計がないと、貨幣の意味はない。子供銀行ではないということです。そこから経済収支というものの会計管理がメソポタミアで生まれました。ということは経済生活の体系的組織化が可能になるということです。そして、どういうかたちにせよ、組織にはその目的が必要です。メソポタミアの場合は、組織の目的は神への奉仕という宗教のかたちをとったわけですね。ここでは経済と宗教は完全に結びつき一体化していた。こうして貨幣の出現は、広い意味で政治的な出来事でした。神に奉仕する経済というのは政治思想の産物ですからね。

メソポタミアの神殿経済

メソポタミアでは、貨幣がどう使われたかというと、神殿経済です。神殿に富がいったん集中され、そこから分配される。神殿の高位の神官が神への奉仕として経済管理をやる神殿経済のかたちを取ったわけです。当然、これは、人間は神に奉仕する奴隷的存在であるという思想を伴います。人間は神に生産物を税として奉納して、神殿がそれを管理して、国家の観点で分配するということですね。そういうかたちで神殿の帳簿会計が生まれたわけですが、その背景には、古代メソポタミアの都市国家の独自な性格がありました。シュメールは人類最初の文明といえると思いますが、この文明は灌漑によって成立した人工的環境のうえに成立していました。葦が生えていて、あとは砂漠みたいな土地ですが、自然の悪条件を克服するために運河や灌漑施設を作り、これで都市の経済が発展してきた。そういう意味では、メソポタミアの都市文明は史上最初のテクノロジーに依存した社会でした。

テクノロジーとは何か。個々の技術とかテクニックを超えた社会的現象としてのテクノロジーは、環境を改変する集団的な作業と定義できると思います。古代メソポタミアの都市国家は、最初のテクノロジー社会でした。そしてこのテクノロジー社会は、神殿による経済生活の組織化というかたちをとったのです。ですから古代メソポタミアの都市国家は、技術論としても、文化論としても、経済論としても、同時に論ずることができます。そこで最初の貨幣が出現したのです。

だから貨幣を論ずる場合には、たんなるお金としてではなく、テクノロジーなり、文化なり、それらを総合的に考える視角が必要です。貨幣は文明の総合的な成果として考えられなければならないわけです。そうした観点で、古代メソポタミアの貨幣を考えてみると、貨幣はまず会計上の計算単位として出現した、しかも税の公的な支払い手段として出現したのです。商業活動の促進は貨幣に後から追加された機能でした。最初に物々交換の商業活動があって、その決裁を容易にするために通貨が作られたのではありません。こうした仮説を裏付けるような考古学上、民族学上の証拠は一つも出てきていないのです。あくまで貨幣は、文字、数字の発明、それを契機にした国家の形成を条件として、会計と徴税の手段として生まれたのです。

日本でも、その近代的資本主義的な経済発展の出発点は地租改正でした。これで農民は年貢を現物で納める代わりに現金収入を確保して税を金納せねばならなくなった。こうして古代以来の自然経済、実物経済の要素が一掃されました。大蔵省と日銀が国民経済をその帳簿で一元的に管理できるようになったために、資本主義的な経済発展が可能になった。江戸時代の日本はすでに市場経済でしたが、こういう意味での資本主義はなかったのです。貨幣が明確に会計上の計算単位、唯一の公的な税の支払い手段になることによって、日本も近代的な資本主義国になっていったわけです。

水平型社会のギリシャ

古代メソポタミアでは、神を頂点とする垂直的、位階制的な社会構造を条件として貨幣が出現しました。しかし社会構造によって貨幣のあり方も違ってくるわけです。やがて、文字と数字の技術がギリシャに伝播する。ところが、ギリシャでは社会の文脈がまったく異なるので、貨幣は異なる意味を持つことになりました。ここが重要なのですが、ギリシャも最初は古代ミュケナイ文明があり、これはギリシャの枠内でメソポタミア型の社会を模倣して、神殿中心の垂直的社会の方向に動いていた社会のようなのです。しかし、ギリシャには東方からさまざまなエスニック集団、ドーリア人などが次々に侵入してきます。そのためこうした垂直的社会は破壊されてしまった。それに、もともとギリシャはメソポタミアに比べれば素朴な村社会でした。ギリシャでは中東型の垂直的社会が発展する可能性は閉ざされてしまった。ギリシャは水平型社会になってしまったのです。すべての人間が対等平等な、王とか至高の神が成立しない、そういう社会になってしまった。

水平型社会といえば、みんなが平等で結構なことのように聞こえますが、位階制のない社会で出てくる問題はホッブズがいった「万人の万人に対する戦争」です。制裁する上位の権威がないアナーキーな社会、危険な混乱に満ちた社会になります。そういう状況の中で、どうやって水平型社会の問題を政治的に解決するか、混乱を克服して安定した社会秩序を作り出すか、それが、古代ギリシャが抱えた最初の問題でした。この社会構造の原因にはもう一つ、ギリシャの地理があります。山だらけの狭い半島のギリシャでは、メソポタミアのようなテクノロジー社会が成立する余地はありませんでした。

貨幣を使わないスパルタと貨幣経済のアテネ

ところで狭いギリシャにスパルタとアテネのようなまったく対照的な国家が出現したのは、なぜでしょうか。これはギリシャ人が水平型社会の問題を解決しようとした二つの解答例だと思います。スパルタでは市民は全員軍人階級で、他方にヘロットという奴隷（農奴）がいました。そして毎年、市民が農奴に宣戦を布告する儀式をやるような社会でした。現代人からみるととんでもない体制なのですが、これもそれなりに水平型社会の混乱を解決する方法だったとみることができます。人間を支配する自由人と支配される奴隷にきっちり分けて、一方が他を軍事的に支配する。これはこれで社会の混乱を予防する安定した秩序ではあるわけです。市民の間は完全な共和制で、とくにエリートはいない。ヨーロッパで最初の共和制はこのスパルタで成立したことは事実です。そして農奴を制圧し支配していれば市民は生活できたので、スパルタ人は貨幣を使用する必要がありませんでした。

これに対して、別のかたちで問題を解決したのがアテネでした。アテネでは貨幣は個人が自由に使える硬貨のかたちをとっていて、商品の購入や報酬の支払いに使えるものでした。メソポタミアでは国家の最高権力者である神殿の役人が帳簿をつけていましたが、アテネでは奴隷が帳簿をつけていました。貨幣は、水平型社会にふさわしく、自由人が共同して作り上げるポリスを平和裏に運営するための手段でした。貨幣は、自由な市民がポリスの政治に参加する権利や義務と一体のもの、いわばポリスという劇場への入場券でした。ですからギリシャでは他の文明におけるような身分や位階制が問題になることはなかった。ここでは社会の問題は初めから富者と貧者、持つ者と持たざる者の問題、とくに富者への借金で債務奴隷になる貧者の窮迫と無権利状態という問題でした。ですから、アリストテレスが「デモクラシーは貧しい多数者が統治する政体」と言っているのは、当時のアテネの常識を述べたものといえます。

アテネの破局の危機とソロンの改革

そうしたアテネでまず問題になったのは、富裕な地主と小農民の関係でした。富裕な者に借金した小農民がそれを返済できなくて自分を奴隷に売るという事態が広まった。これではアテネの社会は崩壊してしまう。その時立法者ソロンが登場して庶民の債務奴隷化で崩壊寸前になっている社会を一挙に立て直したわけですね。何をやったかというと、まず、債務一切を帳消しにした、徳政令ですね。そしてポリスの司法・立法・行政に参加する権利を一般市民に与え、それで富裕層の横暴を封じ込めることができるようにした。デモクラシーの誕生です。しかも、お金が市民に広く行き渡るように計らった。アテネは直接民主主義で、公務に関与することはすべての成人市民の義務でした。民会への出席とか市民教育の意味を持つ観劇とか、すべて市民の義務であって、それに手当を払ったのです。古代アテネのデモクラシーは奴隷や女性を排除した成人男性だけのもので、いざとなれば武器を手に国を守ることが市民権の条件でしたが、これを参加のデモクラシーと呼ぶならば、参加するとお金がもらえるデモクラシーだったのです。

こうしてアテネではソロンの改革以後、貨幣は民主政治の制度的な土台になりました。ギリシャ語で貨幣のことを「NOMIΣMA（ノミスマ）」といいますが、制度とか慣習、習わしといった意味の言葉です。貨幣は政治的な制度でした。経済の道具ではなく、市民の政治参加を可能にし、そのための経済的自立を保障する、経済的奴隷化を予防する、そういうものとして貨幣制度を設計したということですね。

貨幣フェティシズムの脅威

ただ、アテネにおいても、当然、貨幣の弊害というのはあるわけです。アテネにおける貨幣はメソポタミアのような神に奉仕する奴隷制には結びつかず、市民の自由につながったのですが、今度は、貨幣という手段が自己目的化する危険が生じる。貨幣があればなんでも自由に買えることは事実ですから、そこから貨幣フェティシズムという問題が出てくる。有名なミダス王の寓話で、触ると物がなんでも金になってしまう能力を授けられたために最後はものを食べることもできなくなったという話がありますが、これはギリシャ人が貨幣フェティシズムに気付いていた印です。貨幣が流通することは、社会的な協力の成果です。お互いに協力し合い、信頼し合うから貨幣は流通する。

だがその中で、人びとの社会的な信頼や協力にタダ乗りして、成果としての貨幣だけをつまみ食いする不届きな人間が出てくる。高利貸や守銭奴、強欲な商人などいろいろ出てくるわけですね。貨幣をたっぷり持ってさえいれば、自分は他人の世話にならなくても生きていけるはずだ、そういうかたちで自分は社会を超越していると思い込む人間が出てくる。こうして富者は傲慢になります。その結果として、貨幣の流通は社会の成果であるのに、まさにその成果によって社会が解体する危険が生じるというディレンマが生まれる。こうしたかたちで貨幣は一転して社会の自由と安定に対する脅威になります。

貨幣フェティシズムと人間の陶冶

ギリシャ人はこの問題に気が付いていました。そして貨幣フェティシズムの脅威に対するギリシャ人の答えは、文化と教育による人間の陶冶《とうや》でした。強制的手段で解決できる問題ではなく、人間の性《さが》の問題ですからね。ギリシャ文化はそうした陶冶を可能にしました。ギリシャ神話の神々は邪悪な存在であり、神々から超人間的権威を剝奪するこの脱神話化によってギリシャ人は政治的カリスマの危険を排除した。ホメロスの『イーリアス』を読んでみれば分かりますが、人間の尊厳は、死すべき人間、人間の脆《もろ》さ、儚《はかな》さ、哀しさと結びついていました。ギリシャ人は、近代人のような楽天的な人間万歳のヒューマニズム、アメリカ流の幸福の追求などには無縁であり、彼らが常に繰り返した格言は「人間にとって一番よいことは生まれてこないこと、二番目によいことは生まれたらできるだけ早く死ぬこと」というものでした。人生に対して楽天的にそれいけドンドンになる愚かさを非常に警戒していた。ギリシャ悲劇は人間の弱さ、危うさ、愚かさ、人間が過信と錯誤に陥りやすいことを如実に示していましたが、それを観ることはアテネ市民の公的な義務になっていました。これは別にギリシャ人が根暗な民族だったということではなく、むしろ、生来それいけドンドンの傾向があったから厳しい警告が必要だったのだと思います。このような人間の有限性を強調する文化が、富者の傲慢さを抑制しました。

共同体の価値と私的利害

「貨幣への愛（love of money）」はケインズが使っている言葉ですが、貨幣愛のもたらす、もう一つの危険として、貨幣さえあれば物を買えるということで、共同体の長期的な利益を無視して、短期的で私的な目先の利益に走るという危険が絶えずあるわけです。これも人間の性に関係してくる問題ですから、制度で解決できるものではない。

これに対してギリシャ人はどう対応したか。ギリシャ語でプライベイトな存在、私人はイディオーテス（idiotes）といいます。英語のイディオット（idiot）、白痴の語源です。ギリシャ人にしてみると、私的な事柄には価値はない。プライベイトな事柄はポリスの公的な光の当たらない卑小なくだらないことなのです。共同体は卑小な個々人の生死を超えて存続する輝かしいものです。これがポリスの市民の文化であり価値観です。近代の国家主義と混同しないでください。個々人は死すべき哀しい存在であるけれども、市民としてポリスに所属することによって偉大な存在になる、時を超えて存続するポリスの栄光に浴する価値ある存在になるのです。

ここでは、たんに物理的なポリスの存続が問題なのではありません。存続すべきなのはポリテイア、その国柄、国体、ポリスの人びとの独特の気風や習わしなのです。個々人を超越した偉大で崇高な存在、ポリスの市民権はそれに与《あずか》ることを意味していました。これは近代的な市民の権利といったものではありません。ホメロスの『イーリアス』などギリシャの文学は、人間の哀しさ、儚さと同時に、個々人を超えて存続する共同体の栄光と偉大さを唱っていました。ですから『イーリアス』を朗唱することがアテネの毎年の一大行事になっていました。そうした市民教育が、共同体の長期的利益を軽視して目先の私利に走るという貨幣がもたらす弊害を抑制したと考えられます。

貨幣愛を抑制していた共同体のエトス

アテネの場合は、共同体の利益と私的利害の相克を人間の陶冶で抑制した例ですが、アテネではなくても概して伝統的な社会は共同体のエトスで貨幣フェティシズムを抑制してきたといえます。これはあくまでも文化、社会倫理レベルでの抑制であって、国家的手段で強制的にということではありません。

江戸時代の日本にも貨幣と商業の水平化作用があったことは指摘できます。大坂のような商人社会ではなくても、江戸時代の日本では早い時期から身分制は形骸化して、武士は位が高くても、実際は商業経済に巻き込まれて、どんどん生活は苦しくなっていったわけです。江戸時代の日本における貨幣と商業の水平化作用は明らかで、武家の主従関係さえギブ・アンド・テイクで説明されるほどでした。その中で大坂商人などが台頭してくるわけですが、当時の大坂商人は儲け話には抜け目がない一面、社会の一員という意識を失ってはいなかったようです。晩年になると儲けさせてくれた世間様にお礼するといって、常夜灯など公共施設を作って寄進したりしています。そして彼らの商い自身に社交のような人情がらみの要素もあるわけです。

何が貨幣愛の抑制を外したのか

問題は、こうした貨幣フェティシズムに対する伝統的な抑制がどのような経緯で外れたかです。遠距離で商品を交易する国際的な商業の発展がそのきっかけです。国際商業は共同体の外、共同体間の商業ですから、共同体による抑制など働かないわけです。純然たる儲け本位の取引になる。しかも取引は世界通貨である金銀で決済される。国際商業が、共同体の境界を超えて、世界貨幣である金銀による決裁を普及させ、貨幣フェティシズムに対するブレーキを外してしまったといえるでしょう。その結果、貨幣が政治的制度として出現したことが忘れられて、貨幣は金銀銅などのたんなる金属、商品になる金属であり、それ自体で商品として価値があるとされるようになる。貨幣は金銀という至高の商品だから一切の商品の交換手段になる。

こうして世界貿易が発展する時代に金本位制も確立します。それに伴い、貨幣は商品交換のための便宜的手段にすぎないという見解が主流になってくる。この皮相な見解が近代経済学の土台になっています。しかし、その起源を遡ってみれば、貨幣は社会の富を生産し、分配するための政治的手段だったのです。ですから貨幣はあくまで政治的に公正に運用されるべき制度なのです。貨幣を商業の手段とする見方は、この事実を隠蔽し抹殺してしまう。しかし、貨幣が政治的制度として公正に運用されないと、最終的には貨幣は流通しなくなるのです。つまり、経済がデフレになるということです。貨幣には富を分配するツールという面があることを無視すると、商業経済自体が窒息死してしまうのです。銀行は貨幣を金が金を生むトリックに使える商品として扱い、買い溜めや売り惜しみをする悪徳商人と同じことをやります。社会を恒常的な金欠状態にしておくことが銀行商売の秘訣です。だがこれが最終的には経済の血液である通貨の円滑な循環を停止させてしまうのです。

通貨発行権を私物化した銀行

英語では通貨発行権のことをシニョレッジ（seigniorage）といいますが、この言葉の元の意味は君主の特権で、その代表的なものが金、銀、銅といった硬貨の鋳造権だったわけです。鋳造権を持っている君主は金、銀の量を減らした悪貨を鋳造して前と同じように流通させ、その差額をごっそり懐に入れることができた。君主がこのように通貨発行権を悪用することが中世ヨーロッパでは大問題だったわけです。それなら、あるべき解決策は、通貨発行権を君主ではなく社会全体、国全体で持つことだったはずです。これが本来の通貨改革の道筋でした。

ところが近代社会では、君主ではなく私企業の銀行が通貨発行権を持つことになってしまった。その嚆矢が十七世紀英国におけるイングランド銀行の誕生です。このイングランド銀行が近代のすべての銀行の原型です。その背景には、さっき申し上げた国際商業の発展があったわけです。コロンブスの航海以降のアメリカの征服による世界史上空前の国際商業の発展があって、それに対応して、国際商業を資金や資産管理の面で長期的にバックアップする大きな銀行が必要になった。そういうかたちで君主に代わって大銀行が通貨発行権を私物化することになった。

そういう意味では、十七世紀イングランド銀行から十九世紀の金本位制の時代あたりまで、完全に貨幣フェティシズムに支配されたのが近代という時代ではないかと思います。それが二十世紀に入ってから銀行業界は中央銀行のかたちをとってカルテルを形成し、さらに金本位制が放棄されて、貨幣は紙幣という法定通貨になっていった。商業による金銭的利得をひたすら追求する十九世紀までの無政府的な自由放任の自由主義は修正されたのです。機械制大工業の時代には企業に融資する銀行の影響力は社会生活の隅々にまで及ぶことになります。金融業界は国家の影の主権者になった。この影響力に見合ってマネーという力の集中と統制が必要になった。金融業界には、国家が価値を保証するペーパーマネーによる資本主義の組織化と集中的一元的管理が必要になったわけです。

その結果として、悪い意味で貨幣制度が政治化した。つまり中央銀行は、私利を図って私的に信用を創造する銀行の特権を守るための政治的制度といえるし、そのうえ租税国家を従属させている影の主権者としても政治化しています。かつての銀行がいかがわしいマネーの商人であったとするならば、今の銀行は国家をくまなく管理する政治的主権者であり、しかも金融資本のグローバルなカルテルのかたちで、特定の国ではなく、人類全体の主権者になっています。このグローバルな金融の支配が二十一世紀の現実なのです。

ユーロの危機と貨幣観の問題

そして現在、この問題がはっきり表面化しているのがEUにおけるユーロの危機なのです。EUのユーロによる通貨統合は、貨幣は商業の手段にすぎないという哲学の帰結です。この哲学に立つと、ヨーロッパをできるだけ国境のない大規模な市場にして同一の通貨を流通させれば、資本をもっとも効率的に使うことができるはずです。だがユーロによる通貨統合は完全に破綻してユーロの消滅はもう時間の問題です。ユーロによって各国のナショナルな通貨を廃止した結果、各国の財政は国際金融資本の利害に完全に従属することになってしまった。これが各国の国民の怒りと不満を招いている。それに北欧と南欧の国柄、国情の違いはマルクやリラのように廃止できるものではない。ユーロは商業を促進する金融の道具ですが、金融と財政は同じものではない。財政の次元では、通貨は富を分配する手段の要素を持たざるをえない。

つまり通貨統合は、貨幣は政治制度であるという事実によって反撃されているのです。ユーロの危機の根本にあるのは、貨幣の哲学をめぐる争いです。貨幣はたんなる商業の手段なのか、政治的制度なのかという貨幣論の根本問題が、ＥＵを揺るがすユーロの危機として現れているのです。

ケインズとダグラス

欧米の経済は罪の経済です。人間は神に返済不可能な負債を負っているが、その負債からなんとか解放されようとして富のための富、貨幣物神となった絶対的抽象的な富を果てしなく追求する。そして罪の経済はヨーロッパが作り上げた通貨と金融のシステムによって制度化されています。そこでこのシステムの構造的な欠陥を明確に分析しラディカルな通貨改革による経済的デモクラシーの実現を構想した英国のクリフォード・ヒュー・ダグラスという人についてお話ししたいと思います。

九〇年代、ソ連崩壊で、アメリカが冷戦に勝って、唯一の超大国になり、それで歴史が終わったなどというプロパガンダがありました（F・フクヤマ『歴史の終わり』一九九二年刊）。当時、私自身、資本主義をウェーバー的な精神史の視角で捉えることは、間違ってはいないが、経済分析なしでいいのかどうか。マルクスを批判するならマルクスに代わる資本主義の経済分析がなくていいのかと考えて、改めてケインズやシュンペーターとか、経済思想を勉強し直したのです。そしてケインズの主著の『雇用、利子および貨幣の一般理論』の末尾に、突然ダグラス少佐という名が出てきて、この人はどんな人だろうと思ったのです。ケインズがわざわざ、巻末に名前を出すくらいですから、それなりの人なのだろうと。これでダグラスの名を知りましたが、当時は調べてみようというところまで行かなかった。

その後、今世紀に入ってから、私自身インターネットをやるようになって、そこでダグラスの人と思想を詳しく知ることになりました。一九三〇年代に、ダグラスの社会信用論の実現を目指す運動に関係していた人たちの後継者がカナダやオーストラリアにいて、その人たちがダグラスの主要著作をネットにアップしていたのです。お陰でダグラスの主要著作を読むことができ、それでこんな人だったのかと、びっくりしたわけです。その後に知ったのですが、ケインズが名前を引用するのは当然で、一九三〇年代の英国ではケインズとダグラスは経済分析の視角が同じと指摘されていました。二人はラジオ対談もやったこともあります。ケインズ自身「人類の未来はダグラスかマルクスが決定するだろう、しかし私は、マルクスは嫌いだ」と言っているわけです。ですからケインズはダグラスの言うことは基本的に正しいと認めていたようです。だがケインズ自身はダグラスほどラディカルではない恐慌の打開策として、ケインズ理論を打ち出したと言えるかもしれません。ダグラスが外科手術を提起したのに対して、ケインズは対症療法の鎮痛剤として彼のマクロ経済学を提起した。理論としては、ダグラスを理解していたとみるべきです。当時、ダグラスは町の思想家として経済学者たちから相手にされていなかったのですが、そんな中でダグラスを評価したケインズは偉かったと思います。

ダグラスのA＋B理論

ダグラスは、一八七九年にイングランドで生まれ一九五二年に没しました。ケンブリッジ大学で数学を学んだ後鉄道技師になったエンジニアで、エンジニアらしく現実をシステムとして捉えて分析する能力に長けていた人のようです。エンジニアだったので経済学や哲学に無縁で、そのおかげで、スコラ的議論に足を取られることがなく、その点はマルクスと正反対なのです。しかも彼は第一次大戦中に空軍の少佐として、航空機産業の会計監査にあたることになり、そこでいろいろ問題を発見した。つまり、企業会計という資本主義の現場中の現場で、問題を発見したわけです。このあたりも一般のマルクス主義者や社会主義者と違うところです。イデオロギーではない。とにかく、システムの現場に踏み込んで、その構造的な欠陥について分析を行ったわけです。最初に彼が打ち出したのが、Ａ＋Ｂ理論というものです。企業会計のうちで原価償却とか資本形成や更新に使われる部分をＡとし、給与や賃金に使われる部分をＢとします。そうすると必然的にＡの方がＢより大きくなる。生産設備にかかる費用の方が従業員の賃金給与の費用よりずっと大きい。そして生産された商品の販売価格はA＋B＋利潤ですから、AがBよりずっと大きいこの不均衡をそのまま反映しています。ここでダグラスは市場経済を批判しているのではなく、市場における価格形成の内実を問題にしているのです。それまでの一般経済学では、市場の価格は、需要と供給の均衡するところで決まり、それは自動的に均衡するものとされていました。これが古典経済学や多くの近代経済学の根本原理なのです。

ダグラスは企業の帳簿を分析して、A＋Bの矛盾で、とにかく価格はほとんど資本への投資や銀行への利払いで形成されていて、ほんの一部が賃金に充てられることを発見しました。だから勤労者の所得では生産された商品の一部しか買えない。さらにオートメ化や技術革新が進めば進むほど、ますます資本に投下される部分が増えていって、相対的にBの賃金、給与の部分は減っていく。これは良心的な経営者であってもそうなるので、構造的な問題なのです。その結果として、工業経済は消費者の所得不足と企業の生産過剰という問題に悩まされ、それは最後に恐慌にいたるということですね。

商品価格に含まれる銀行への利払い

結局、資本主義の根本問題は搾取といったことではなくて、貨幣、生産設備に転化した貨幣の問題なのです。資本ですね。資本が労働に対して構造的に優越しているという問題です。そうすると、資本・労働・土地（資源）という現在の序列をひっくり返して、労働と土地に資本が従属するような構造をどう作れるかが問題になる。これは資本主義か社会主義かという昔の議論とは別のものです。システムの再設計という問題になります。ところでこのＡ＋Ｂ理論について、いろいろな批判があります。要するに古典経済学の立場で、誰かが支出したものは誰かの所得になるはずだという反論です。企業が機械や素材を納入した他の企業に代金を支払うと、それは支払いを受けた企業の所得になって、それが従業員の所得にもなるはずだという。自動均衡があるはずだ、支出イコール所得のはずだという議論なのです。結局、自動均衡という考え方を捨てたくない議論にすぎないと思います。しかしダグラスが問題にしているのは、企業の会計帳簿ではなく、市場における価格の形成なのです。Ａ＋Ｂのギャップがあるかぎり、商品の価格は供給と需要の均衡点どころか構造的な不均衡の印なのです。企業会計は生産者のためのもので消費者には無関係なのだから、これは不可避なことです。

ダグラスはその後、Ａ＋Ｂに加えて、金融資本の産業資本への介入ということを、問題にするようになります。企業は大企業といえども銀行から借入れて、投資し、技術革新し、減価償却しているわけです。そうすると企業会計において銀行への利払いというまったく非生産的なものの比重が大きくなる。『利子とインフレーションのない貨幣』*の著者であるドイツのマルグリット・ケネディの研究によれば、商品価格の三分の一から半分が銀行への利払いだそうです。この銀行への利払いがあることも、先ほどのダグラス批判者たちは無視している。近代経済学は、自営農民が市場《いちば》で卵と野菜を交換するような農業経済をモデルにしていて、資本の大規模な集中と複雑

＊ Margrit Kennedy: *Interest and Inflation Free Money*, Seva International, 1995.

な信用システムが不可欠な近代工業経済の実態を無視しているのです。

「見えざる社会システム」としての通貨

もともと古典経済学自体が企業経済に銀行が介入していないかのような経済分析をやる。ダグラス以前の古典経済学とか現代の近代経済学では、経済は供給と需要、生産と消費だけで捉えられていて、貨幣はそれを仲介するだけの透明な、あってもなくてもいい、商品の売買を円滑にするための媒体にすぎないとされていました。ところがダグラスは企業の帳簿の分析から初めて銀行金融の問題に行き着き、その過程で近代経済の中心に貨幣の問題があることを押さえたわけです。そして彼は貨幣を通貨として捉え、通貨をたんなる硬貨や紙幣ではない、経済社会を組織している見えざるシステムとして理解し分析しました。

しかし二十世紀の経済学の主流は、この貨幣の問題を無視し続け、十九世紀の時代錯誤的な発想を引きずりました。あきれたことに近代経済を、貨幣のない財のみの交換モデルを考え、貨幣はそれを促進する便利な手段にすぎないとする。そこから供給と需要、支出と所得が常に自動均衡するという非現実的な議論が出てきて、銀行経済における利子とか負債は無視されています。だが利子と負債が資本主義の根本問題なわけです。そういう意味で機械制大工業の時代にはますます実体経済に銀行が介入し、最終的には銀行が経済全体を支配するようになってくる。

とくに一九七〇年代以降、経済成長がいろいろな意味で限界に達してくると、ますます経済は銀行の利益で動くようになり、経済は金融化します。銀行に負債を、利子をつけて返済するためには、成長し拡大する経済が絶対に必要です。そして銀行は経済が停滞しても廃業するわけにはいかない。だから七〇年代以降、先進諸国は低成長の中で銀行への負債ばかりが拡大する負の経済成長に陥り、現在世界はこの負の成長のどん詰まりに来ています。

銀行は預金者から預かった金を企業などに融通しているのではありません。私企業として私利を図って信用を創造しているのです。日本銀行も資本金で設立され、株式も発行している私企業であって、私企業が自分のソロバン勘定で、国民生活を左右する通貨を発行していることが根本問題なのです。そのために好況と不況が循環する、これは自然現象などではありません。経済システムの構造的欠陥は銀行マネーによって大きく増幅され、それは企業の生産過剰と消費者の所得不足の問題を深刻化させて恐慌にいたる。恐慌にいたらなくても、雇用の不安定性が深まる。

しかし現代の資本主義の下では、雇用というかたちでしか所得を分配することができない。だから完全雇用なしには、所得の広範な分配ができず、経済はまともに循環しなくなる。しかし完全雇用は困難になる一方です。恐慌まで行かなくても雇用の不安定性が宿命的な問題となってくる。これは資本家のエゴイズムを非難すればすむ問題ではなくて、分配構造の問題であるわけです。

さらに、それに重なるのがオートメーションの進行です。ダグラスが企業会計を監査した第一次大戦の頃からオートメーションは始まっていて、今はさらに徹底して自動運転車でトラックやバスの運転手まで不要にしようとしています。ますますA＋Bの矛盾が、失業、フリーター、派遣労働などを拡大させています。当然、経済は勤労者の所得不足で終わりのないデフレになってくる。

公益事業として政府通貨を発行

一つエピソードを紹介しますが、チャップリンは三〇年代の大恐慌の直前に、当時欧米でベストセラーになっていたダグラスの本を読んで、これはいかんと持っていた株券などを慌てて処分し、おかげで大恐慌による打撃を免れたという話があります。チャップリンを救ったのだからダグラスの議論は的を得ていたのです。今でもダグラスの議論は、舌足らずのところや時代の変化によるズレはありますが、分析の根本視角は正しいと私は思っています。

しかも、ダグラスはたんに構造分析をしただけでなく、エンジニアらしく、どうしたら企業会計と銀行金融のシステムの構造的欠陥を是正できるかということで、具体的な政策提言を行っています。ここが左翼と違うところですね。その提言は三つあります。まず、第一に銀行の私的信用創造が経済の歪みや不均衡の根本原因なので、政府が公益事業として通貨を発行して、利子なしで社会や企業に供給すべきであるとしています。一国の生産と消費を均衡させるに必要な通貨の量というのは算定可能なので、それに即して通貨を発行し回収するということを提案しています。

この政府発行通貨が、銀行マネーで窒息した経済状況を打開できる政策であることはすでに歴史的に証明されています。ダグラスとまったく同じではないのですが、大恐慌の一九三〇年代に日本の高橋是清が国債の日銀直接引き受けのかたちで事実上の政府通貨の発行を行いました。ドイツでは国立銀行の総裁ヒャルマール・シャハトが、金融改革の全権をヒトラーから委任されて労働財務証書というかたちで政府通貨を発行し、アウトバーン建設などによって一挙に完全雇用に近い状態を実現したのです。アメリカの惨憺たる状態とまるで対照的だったわけです。今日ではファシズムの政策だったからと否定されていますが、政府通貨発行が恐慌打開の金融政策として実に有効であったことは間違いない。日本もドイツも、これをいいことに軍拡の資金作りをしたことは問題ですが、これについては高橋是清は反対したので、二・二六で暗殺され、シャハトも軍拡に使えばインフレになると、金融実務家として反対し、最後は強制収容所に入れられてしまいました。シャハトはファシストだったわけではないです。

問題は、この二人がやったことは金融独裁だったことです。彼らが全権を握って金融独裁をやり、政府通貨がその道具になる。それによって銀行金融の矛盾は、当座は解決されたが経済運営は高橋なり、シャハトの胸三寸で行われることになる。ですから、いかに民主的な公共事業として通貨を発行できるのか、この問題が残っています。ただ、政府通貨が恐慌を打開した事実ははっきりしています。ダグラス自身も高橋是清の政策を評価していて、自分の考えに似たことをしていると言っています。

国民配当（ベーシック・インカム）の支給

もう一つダグラスの提言で、政府通貨とワンセットになっているのが国民配当という政策です。ベーシック・インカム、基礎所得を全国民に生涯にわたり支給するというものです。これはA＋

Bの矛盾を解消するためです。雇用によって所得を分配するだけでは、先ほど話したA＋Bの矛盾があるので勤労者は企業が生産した商品の一部しか買い取れない。所得の分配は雇用だけではだめで、雇用を補完する基礎所得が必要、それがないと円滑な経済循環が実現しないということですね。銀行マネーの矛盾は政府通貨で、A＋Bの企業会計の矛盾はベーシック・インカムで解決するということです。ダグラスは「国民配当（national dividend）」という言葉を使っていますが、内容は今日のベーシック・インカムと同じです。ただ、重要なのは、彼はあくまで通貨改革の一環として所得保障を論じていることです。最近ベーシック・インカム論議は盛んにはなってきていますが、これはダグラスのように通貨改革、金融改革の一環として考えられたものではない。たんなる福祉合理化論で、福祉官僚制など切り捨てて、直接福祉受益者に金を配った方が経費的に安上がりだとかいった議論です。または左翼系の人たちの財源はどうでもいいからとにかくベーシック・インカムをよこせという議論、そのどっちかになってしまっています。こうした議論だとベーシック・インカムなど空論だということに行き着きかねません。

デフレ対策としての価格割引

ダグラスの政策提言にもう一つ、「補償される価格割引（compensated discount）」というものがあります。たとえば、生産と需要に二〇パーセントのギャップがあったとすると、期間を区切って全国一律に販売部門で商品を二〇パーセント値下げして、後から政府通貨で割引分を補完するというものです。これは恐慌のデフレ・スパイラルを心理的に予防する政策です。つまり、価格破壊競争をやればやるほど消費者はもっと安くなるのではないかとカネを使わなくなる。だが全国一斉に一律に期限を決めて価格割引をやれば、期間内に買っておこうということになって、商品が捌《さば》ける。販売部門には後で、政府通貨で割引分を補償すれば販売部門に打撃を与えることもない。デフレに対するある種の心理的効果を狙った解決策です。もちろん、これでも売れ残る商品は出るでしょう。だがそれは問題にならない。これは経済の円滑な循環を妨げるデフレ心理に対する予防策、デフレ・スパイラル対策ですから。

働きすぎが環境を悪化させる

ベーシック・インカムをやると怠け者が出るとかいった話が出てきますが、そうはいっても、今の経済の最大の問題は需要の縮小ということなのです。需要を拡大しなければ話にならない。需要があれば企業も動き出して、雇用も増えるわけです。そういう意味では、需要を活性化する程度の、人びとが財布の紐を緩める程度のベーシック・インカムで安心感を与える。額面はたとえ八万円、一〇万円であっても生涯にわたって保障されるということは、生活設計を可能にするわけで、この意義は非常に大きい。これはバラマキではなく、基礎所得ですから、それが経済のエンジンを起動させるセルモーターになるとみていいのではないか。

ベーシック・インカムをやると怠け者が出るという説については、あえて言いたいのですが、ある程度、怠け者は必要なのです。現代人は働きすぎるから環境が破壊されるので、ベーシック・インカムがあれば、後はアルバイトくらいの収入で芸術をやりたいとか伝統芸能の継承をやりたいとかいう人が増えることはプラスなのです。七〇年代の北欧では生涯総労働量規制という考えが議論されたことがあります。働きすぎが環境を悪化させるから生涯の働く時間を規制しようという議論でした。イヴァン・イリイチも「創造的失業」という言葉を使っていましたね。ベーシック・インカムで人がまったく働かなくなることは困りますが、働くテンポがスローになることは環境保護、資源保全にプラスになります。だから、私は怠け者が出ても構わないという意見です。それからベーシック・インカムをこのように批判する人にかぎって株や国債の所有から生じる不労所得を問題にしません。不思議ですね。

富の生産は文明の遺産に依拠

また、ダグラスはたんにマクロ経済的合理性の視点でベーシック・インカムを提唱したのではありません。彼は雇用による所得、働かざる者食うべからずという思想を正当化している人間観、労働観からの転換を主張しました。これが大変面白いユニークなものです。彼は技術者として生産と労働の現場をじかに体験し、よく知っていました。そして自分の体験を踏まえて、生産はほとんど道具とプロセスの問題で、人間の個々の労働が生産に果たす役割はきわめて小さいと言っています。これは正しいと思います。近代の労働価値説は生産の現場を知らない人間が考えたものです。原始の狩猟採集経済ならいざしらず、社会が文明化して労働分業の体制が確立すると生産は道具とプロセスが中心になってくる。農業でさえ道具とプロセスが肝心で、個々の農民が懸命に働けば成果が上がるといったものではない。まして工業などは過去からの生産の道具やノウハウの膨大な蓄積があって、人間の労働は生産の過程の一部を担うにすぎない。このようにダグラスはロック以来の労働価値説を現場で働いたエンジニアとして簡単に片づけてしまいました。

さらに彼は、富の生産は文明が蓄積してきたその遺産を土台にしてなされていることを指摘しています。われわれが今から新たにバネとか車輪とかを発明する必要はない。富の生産は、過去の人類文明の遺産の蓄積に依拠し、それにほんの少し新しいものを付け加えているにすぎない。農業でさえそう言えますね。今の農民の生産は過去の世代がやってきた土地と作物の品種の改良の恩恵を受けています。そういう意味ではすべての人間は、古代以来の文明の遺産の相続人であり、遺産の正当な相続人として配当をもらう権利がある。ベーシック・インカムは文明の継承者の名誉ある権利です。これによって文化の論理と歴史の論理と経済の論理が統一されることになる。人間は文化を持ち、歴史がある。それゆえに経済があるわけです。このようにダグラスの経済思想は、精神的文化と物質的経済の二元論を突破してしまっています。

経済的デモクラシー

社会信用論は、銀行経済を廃止して政府が通貨を発行することとベーシック・インカムの実施を主張しますが、ダグラスはこれを「経済的デモクラシー」と呼んでいるわけです。この政策によって資本が広く社会全般に分散し、国民すべてが経済力を持つことになる。そうなると、商品を買うといった庶民の経済活動自体が選挙で投票するのと同じような意義を持つようになる。経済生活そのものがデモクラシーの表現になる。一方に経済があって、他方に議会制民主主義国家があるのではなくて、経済そのものがデモクラシーの構造を持つとダグラスは主張しています。経済構造そのものを民主化するという、これは従来の左翼的な社会民主主義とはまったく違うわけです。近代的な市民の権利は何よりも経済的権利、経済生活に関与し、参加する権利、たんに雇用や福祉を保障されるのではなくて、国家の経済運営に関わる権利でなければならない。この点でダグラスの立場は福祉国家論とはまったく異なります。専制政治は権力の集中、デモクラシーは権力の分散を意味しています。社会信用論はこの権力の分散を富の分散で裏付けるものです。

銀行経済の矛盾から恐慌へ

さらにダグラスは、なぜ現代の政治家が二言目には貿易、貿易といい、貿易が国際政治の主要な問題になるのかを、すでに第二次世界大戦前に説明しています。現代の経済システムの構造的欠陥は通貨改革によってしか解決できない。通貨改革を拒んだ場合、国民の所得不足、企業の生産過剰、恐慌という問題に対する各国の対応策は、この欠陥から生じた矛盾や歪みのツケを外国に回すことです。いわゆる自由貿易の本質は、自国の経済体制の危機を外国に輸出することなのです。大戦前の恐慌下の世界では、各国は商品と通貨をダンピングして輸出を増やす、いわゆる隣人窮乏化政策によって完全雇用を実現し、国政を安定させようとした。これは結局失敗して、大戦による軍需ブームで完全雇用が実現することになりました。経済がグローバル化した今日でも問題の基本的な構図は同じです。経済の低成長、停滞に苦しむ各国は貿易戦争、通貨戦争に走っています。日銀による円の大増刷で円安にして大企業の輸出を支援しようという日本のアベノミクスはその典型でしょう。中国が輸出促進のために元をドルにペグしていることも、その国内の富の分配が少数の特権層中心のきわめてひずんだものであることを示しています。かつてはこうした貿易、通貨戦争は本物の戦争に行き着いたのですが、現代では総力戦は解決策にはならないでしょう。グローバル化した現代の特徴は、各国の政府と議会政治家が金融資本の手先として自国民に対し仕掛けている戦争です。

ダグラスは第一次世界大戦当時に企業会計の問題に気付き、大恐慌時代に活躍した人です。当時は経済思想のアインシュタインなどといわれて、全世界的にロックスター並みの有名人になって、日本にも講演に来ています。彼は二十世紀前半の人ですから、今日のグローバリズムを予測していないし、今日のような経済が徹底的に金融化した事態も知らなかった。国民の経済主権が空洞化され、ＩＭＦが国際金融資本のカルテルの代表として世界経済を取り仕切っている、財務省や中央銀行が国際金融資本の手先になっている状況は、さすがに彼も予想していなかった。

この点は、彼の欠陥ではなくて、時代に即して社会信用論を刷新していくことはわれわれの責任だと思います。これほど有名人だったダグラスがなぜ戦後忘れられた人になったのかということですが、やはり恐慌の震源地だったアメリカが第二次世界大戦による軍需ブームで一時的に恐慌を乗り切った。さらに戦後のドル、核、石油のアメリカ体制で、石油のエネルギー収支のよさをテコに銀行経済の矛盾を先送りできて一時的に豊かな社会を作りだしたことがその原因でしょう。恐慌は過去のものになったという幻想が広まったせいで忘れられたのだと思います。

英国人ダグラスが見落としたもの

もう一つは、ダグラスには英国人の限界が指摘されると思います。ダグラスは、石炭による産業革命の発端となった英国の典型的な英国人でした。彼は産業革命による生産力の拡大の時代はすでに完了し、これからは、それが生み出した分配の歪みが問題になる、生産から分配に問題が移行する時代に入ったとみていました。ところが、英国人のダグラスは英国と入れ替わりに石油をエネルギー源とするアメリカの消費資本主義が出現したことに気付かなかった。第二次世界大戦後の安く豊富な石油に基づくアメリカの繁栄もダグラスは知らずに終わった。

この点は、ケインズも同じです。やはり彼も英国人ですから。産業革命が終わって、もうこれ以上の経済の拡大はなく、資本主義は安楽死するしかないといった悲観論でした。アメリカは一時的に軍需ブームで恐慌を乗り切ったけれども、第二次世界大戦後の先進国は再び長く深い経済停滞に陥るとケインズは信じていました。この点で二人は、石炭による産業革命の英国の人間でした。しかも英国は、富裕層は豪邸に住んで庶民は紅茶とビスケットがあれば満足している、そんな階級社会なのです。大衆中心に消費ブームが起き庶民がマイカーを持ち海外旅行に行く、そんな社会が来るとケインズは予想していなかった。この点は、世界の左翼知識人も同じでした。彼らは石炭時代のマルクスのドグマに呪縛されていて石油に基づくアメリカ型消費資本主義を理解できなかったのです。

生産の時代から分配の時代へ

しかし二十世紀の今はピーク・オイルが否定できない現実になり、石油資本主義の限界がはっきりしています。「成長の限界」というかたちとして。今になって、生産から分配へというダグラスの議論は、時代にマッチした適切なものになってきている。資源と環境の危機で「成長の限界」にぶつかった資本主義の問題、とくに金融資本が「成長の限界」を無視してきた結果、銀行への負債だけが増える負の成長の中で分配の不平等が極端になっています。今こそダグラスの議論が必要となっている。つまり、生産の時代は終わり、富の公正な分配が時代の課題になってきたのです。

現代における「社会信用論」の課題は、経済の原則を成長から均衡と安定に変えていくことで、「社会信用論」の経済分析を踏まえた政策だけが、そうした均衡と安定を原則とした経済を実現できると考えています。環境の破壊と資源の枯渇は今や文明の存続を脅かしています。経済が成長するから環境が破壊され資源が枯渇するのです。そして経済を成長させるためには、資本を集中させて投資する必要がある。この資本の集中と投資を左右しているのが銀行です。ですから銀行マネーを無くし、資本をベーシック・インカムのかたちで個人という究極の単位にまで分散すれば、経済はもう成長しません。成長に代わって生産し消費する経済循環の均衡と安定、そしてフローよりストックを重視することが経済の原則になります。社会信用論は文明を破局から救うなどとは言いません。ピーク・オイルの問題がある以上、工業社会の破局はある程度避けられないでしょう。しかし均衡と安定の経済は、経済の収縮をより耐えやすいものにし、グローバルな工業経済から農業中心の地域経済への緩やかな転換を容易なものにするでしょう。

もう一つダグラスが忘れられた原因は、政治論、国家論の欠落です。社会信用論を実現できる政治体制については、彼は生涯明確な答えを出せないままに終わりました。彼の言っていることに共感する人は多くても、どうやったらそれを実現できるのか。とくに政府通貨を民主的に公益事業として発行できる体制とはどんなものかが分からなかった。当時ダグラスに共感したカナダのグループが「社会信用党」という政党を作って、州政府の政権を取るところまでいったのですが、その段階で世間の常識に縛られたありきたりの保守政党になってしまった。ダグラスは初めこの政党に肩入れしたのですが、すぐにこれはいかんと思って、手を引いたのです。その後、ダグラスは「議会の全能」という議会主義を批判する小論を書いています。また（家計と国家財政を混同した）均衡財政論も批判していました。収入を外部に依存する家計と異なり、国家には通貨発行権が本来あるのだから、これは当然の批判です。だが議会主義でもファシズムでもない社会信用国家とはどういう政治体制なのか。これについては生涯不明に終わったという感じがあるのです。これが、ダグラスが忘れられた思想家になったもう一つの原因です。

ダグラスの復活

ところで面白いことに、二〇〇八年のリーマンショック以後の世界経済の中で、それと気付かれずにいつのまにかダグラスが復活してきています。ダグラスが一世紀前に論じた議論と知らないで彼と同じことを主張する人びとが現れているのです。たとえばスイスの例です。スイスは本物の民主国家ですが、そのスイスにおいてさえ世界的な金融危機の余波で、銀行マネーが経済を攪乱しています。だがスイスには有志が一定数の署名を集めれば国民が提起した立法を国民投票にかけることができる国民発議制があります。そしてすでに、ベーシック・インカムを憲法条項にするかどうかの国民投票が予定されています。ただしこのスイスの案は、社会保障を廃止してベーシック・インカムの財源に充てるというもので、これでは結果的に福祉切り捨て策になってしまう危惧があります。ベーシック・インカムはあくまで、マクロな通貨金融改革の一環であるべきなのです。

もう一つ、スイス銀行をより国民生活に責任を持つ公共的性格を持った銀行にせよという要求を国民投票にかけるための署名運動も進行しています。この運動が問題にしているのは、現代の銀行が部分準備制度によって手持ち預金の八〜一〇倍の富の裏付けがないカネを貸し出していることです。これが格差の拡大やバブルの原因になる。銀行による私的な信用創造の禁止を要求しているわけです。このように二十一世紀の今、ダグラスの議論はそれと知られずに復活してきています。

英国型システムの破綻

ダグラスを絶望させた現代の政治システムとは何だったのか、今日われわれは改めて考えなければならなくなっています。私の見るところでは、これは十八世紀に英国で形成された政治システムです。十八世紀の英国に産業革命を推進するのに適切な政治体制が成立した。その主要な要素は銀行と議会制国家、政党政治、それを補完するジャーナリズムというものです。しかも十八世紀とは事情が大きく違ってきたのに、今でもこのリベラル・ステイト、自由主義国家体制が存続している。とくにファシズムだのソ連社会主義だのが崩壊してから、リベラルな議会制国家をもって歴史は完成されたなどという議論も出てきたわけです。

しかし十八世紀の英国の国家は、世界に先駆けた議会制国家であったわけですが、全然、民主国家ではなく、富裕層の会員制クラブみたいなものでした。一般庶民には投票権はないし、民衆は無権利の上に文盲だった時代です。囲い込みによって自営農民層から土地を奪ったのもこの議会です。当時の英国議会の腐敗ぶりは有名です。

それが十九世紀以降、産業革命を背景に政治の風土はエリートの自由主義から大衆民主主義に変わっていきます。義務教育の制度化と普通選挙権および新聞の普及によって社会の水平化的な民主化が進行し大衆民主主義の時代が始まる。十九世紀以降の大衆民主主義、マスデモクラシーは、能動的な「市民」というリベラル・エリートの虚構を解体させ、人びとを受動的で制度によって調教された大衆、マスに変えるものでした。この人びとのマスへの調教には、普通選挙権と義務教育、マスコミが決定的な役割を果たしました。この政治の大衆化はあたかも民主化であるかのように見せかけられましたが、実際にはこれはエリートが人びとを工業化に動員するための戦略でした。

議会政治の危機

十八世紀の英国に生まれた議会制国家の課題は、産業革命を平和裏に効率よく推進することでした。この国家は経済成長を前提にして設計されているのです。だからこの国家は成長の限界という問題に対処できないし、成長が限界にぶつかると議会の政党政治は空回りして茶番劇になってしまいます。工業化は社会構造を流動化させ、新規に生産された富の分配をめぐる階級階層間の紛争を激化させます。議会の政党政治の課題は、この紛争を平和裏に取引によって解決することにありました。有力な利権集団間の取引によってこの紛争を解決する、それが議会主義でした。

だからどの国でも議会政治において一番重要なのは、各種委員会なわけです。本会議の首相答弁など、見得を切るだけのカブキであって、実際は、各種委員会における取引が肝心なのです。かつての自民党の強みはすべての委員長ポストを押さえていたことにありました。政党の存在理由は有力な利権集団を代表することです。これが代議制です。利権集団に組織されていない市井の人びとは、基本的に国政から締め出されています。

今、世界はどこでも議会主義が危機的な状態にありますが、これも経済が成長の限界にぶつかったせいです。経済が低成長になると利権取引の材料がなくなる。だから右翼左翼という政党の色分けも無意味になる。ヨーロッパではフランスの国民戦線などマスコミが極右のレッテルを貼る政党が台頭しています。これらの政党は右翼などでなく、利権集団に属していないために切り捨てられている底辺庶民層の不満を代弁しています。また移民問題やユーロによる通貨統合に対する抗議は、グローバル化が国民経済を空洞化させていることに対する庶民層の怒りや不満を代弁するものです。順調な経済成長という議会政治の大前提が消滅すると、政党政治はゼロサムゲームの泥仕合に堕してしまう。これなら庶民の不満を代弁しているいわゆる極右の方がましです。

プラトン＝ヘーゲルの国家論

ヨーロッパの国家思想の原型になったのは、プラトンの主著『国家』です。そして現代国家は未だにプラトンの国家論を引きずっています。プラトンの哲学では、不死の霊魂が死すべき肉体に閉じ込められていて、肉体は魂の墓場であるとされます。この説がそのまま国家に適用されます。プラトンに言わせると、民主制のアテネは盲目の欲望しか知らない愚民が好き勝手に統治している無秩序な国家である。真理を把握した哲人王が愚民を統治している国家だけが正義の国家であるという。哲人王という考えは、霊肉二元論を国家に適用したものです。こういう国家哲学がキリスト教会を経由して、そのまま現代国家に受け継がれています。その典型がヘーゲルの国家論で、しかも現代国家はあいかわらずヘーゲル的国家なのです。

ヘーゲルは市場経済で動いている近代市民社会のことを精神の動物界と呼んでいます。人々が盲目的な欲望、利己主義で動いているこの社会は理性的な官僚に統治される必要がある。法的、理念的なものとしての国家と物質的な経済というプラトン的な二元論に立って、国家を論じている。このヘーゲル国家観は、そっくり現代国家に継承されています。国家は知的エリートである官僚や政治家が理性によって統治すべきであり、愚民は市場経済の中でアップアップしているだけ。今でもこういう考え方なわけです。旧ソ連の場合は、歴史の真理を把握した共産党エリートの独裁というかたちで政治的プラトニズムがはっきりしていました。しかしこれは自由民主主義も同じで、国家エリートが官僚や政治家として統治していることは変わりません。

しかし私が以前から言っているように、近代の租税国家は、銀行経済の補完システムにすぎません。国家（法的理念）と経済（物質的利害）を切り離すと租税国家の本質を理解できなくなります。そこから立派な人物が為政者になりさえすれば国家が抱える問題は一挙に解決するという個人崇拝、英雄待望の迷信が生まれてくる。経済の危機は官僚と学者が知恵を絞って行きすぎた市場に対する法的規制を強化すれば解決するという迷信も蔓延します。

金融システムを補完するための租税システム

議会制国家は間違った国家観のうえに成立しています。現代人の国家観は根本的に間違っています。国家は根本において法秩序だと思われている。そして法の枠内で統治が行われるのが近代国家だと思われています。だが近代国家はその根本において通貨の秩序なのです。法秩序はそれを補完する二次的な秩序にすぎません。

古代から国家の最大の課題は富の生産と分配でしたから、これはむしろ当然なことなのです。国家は国民の多くが犯罪に走っても存続します。だが、ひとたび国民の間でナショナルな法定通貨が流通しなくなると国家は完全に崩壊します。ナチ台頭前夜のワイマール・ドイツでは破滅的なハイパーインフレによって国家は崩壊状態になりました。それがナチの暴力的な統治に道を開いたのです。通貨の価値と信用を保全できない国家は存続できません。だからナチズムは近代人の国家観に再考を迫るものだったわけで、これはヒトラーを悪者呼ばわりすれば片付く問題ではありません。ヒトラーはワイマール憲法を停止する一方、効果的な通貨秩序を作り出したので、国民には救世主のように見えました。しかしナチスが提起したこの国家観の転換という問題は、アメリカが戦後に広めた「ナチスは犯罪だった」説によってもみ消されてしまいました。

近代国家は、国民の納税によって成立している租税国家です。だから議会政治も国税収入に基づく予算の編成と決算の報告で回っています。この租税国家も通貨秩序の一部をなしています。いや、もっとはっきり言えば、議会制租税国家は、銀行が管理している通貨秩序に従属しており、それを補完しています。これは、政権党の看板が右か左かに関係ありません。近代世界においては国民ではなく銀行が国の実質的主権者であり、租税国家はその下僕なのです。日本でも建前は財務省が日銀を監督することになっていますが、実際は、財務省は日銀の下働きで、その日銀はＩＭＦが代弁しているような金融資本の国際カルテルの指令で動いています。この銀行経済に対する租税国家の従属は、一九八〇年代以降、経済の金融化の進行と共に露骨に表面化し、今や各国の中央銀行と財務官庁は国際金融カルテルの植民地における出先機関みたいなものです。これがグローバリゼーションの本当の意味なのです。

だから各国の政府は、小学生でもおかしいと思うような金融財政政策をとっています。たとえばインフレ政策。以前はインフレを予防して通貨の価値を安定させることが政府と中央銀行の使命とされていました。ところが今各国はインフレ・ターゲットと称して、通貨の大増刷で懸命にインフレを発生させようとしています。これはなぜか。世界の現状では、企業、国家、家計の銀行に対する巨額の負債が経済に全面的な制動をかけています。インフレ政策の狙いは、通貨を減価させてこの負債の重圧を多少和らげることにあります。またインフレは銀行と金融資産がある富裕層の資産を水膨れさせます。だが不況の中でのインフレは勤労者には打撃で、この政策は一般国民から富裕層への所得移転につながります。

それなのに各国政府はなぜ大不況なのに緊縮財政や増税という一見ツジツマが合わない政策をとるのでしょうか。これは国家が銀行管理の状態になっているからです。一九八〇年代以降、実体経済が低成長なので、内外の国債が銀行の主要資産になっています。銀行は納税者の債務奴隷化で生き延びています。だが国税収入が、すべて銀行が保有する国債への利払いに消えるようなことになったら国家は消滅してしまう。これでは元も子もない。だから経済が不況であろうが、緊縮財政と増税で借金漬けの国家をかたちだけでも維持する費用を納税者に負担させるということです。

現金の所有が自由の土台

銀行の破綻がさらに深まれば預金封鎖の事態もありえます。これは一九三〇年代の大恐慌の際に銀行を守るためにとられた政策です。しかし今日の権力エリートは、もっとひどいことを考えています。それは、通貨はすべて電子マネーにして現金を廃止するというものです。リーマンショック以後、世界のメガバンクは事実上すべて破産しています。破産の実情を通貨の大増刷、いわゆる量的緩和で取り繕っているのですが、そういう中でメガバンクが死ぬほど恐れているのは取り付け騒ぎの発生です。現代社会で流通している通貨の九〇パーセント以上は銀行信用で、われわれが商店のレジなどで使う現金は流通の数パーセントを占めるにすぎません。それでも庶民が取り付け騒ぎで一斉に預金を下ろしたら銀行のグローバルな信用構造は一瞬にして吹き飛んでしまう。しがない庶民は実はすごい力を持っているのです。

それというのも銀行は手持ち預金の八倍から十倍の金を貸し出している脆弱な虚構の存在だからです。しかも今の銀行はいわゆる金融派生商品にも手を出しているのでマネーベースの百倍も貸し出していることがある。しかし現金を廃止してしまえば、銀行の経営がどれほど危うくなっても、もう取り付け騒ぎが起きる心配はない。だがメリットはそれだけではない。銀行は高利貸ではありません。マネーフローを作り出しコントロールしている私企業です。だから電子マネーだけをマネーにすれば、そのマネーフローを完璧にコントロールできるようになる。政府と中央銀行は、商取引、納税、家計の収支などすべてのマネーフローに関する情報を細部にわたって入手しコントロールできる。そこでたとえば不況に対処するために銀行預金の利子をマイナスにし、預金すると損をするようにする。そうなると庶民は預金がさらに目減りする前にクレジットカードで急いで商品を買うしかない。所得の分配という問題を無視したまま庶民に消費を強制できる。庶民には現金でタンス預金という防衛策はもうありませんから。こうして経済システムの欠陥や矛盾は放置されたまま、銀行は安泰になり、政府には重箱の隅をつつくような課税徴税が可能になるわけです。

こんなひどい計画が出てくると、現金、個人がいつでも自由に使えるキャッシュがいかに人間の自由を保障しているかが逆に分かってきます。人々が紙幣や硬貨という物質的実体として所有している現金こそが、個人の経済社会への自由で自発的な参加を保障しているのです。ですから、すべての国民に一定の現金収入を生涯にわたり保障するベーシック・インカムの目的は、自由の保障であり、福祉の充実などではないのです。そしてこれによって毎日の経済生活が選挙での投票に等しい意味を持つ経済的デモクラシーが実現するのです。

納得できる権威への信頼

それから貨幣フェティシズムへの対処ということでは、晩年のダグラスは社会信用論とはプラクティカル・クリスチャニティ、実践的キリスト教であるといっています。結局、議会制の枠内では、社会信用論の実施は不可能であることを彼はカナダの社会信用党と関わる中で思い知りました。信用の社会化は特定の党派の要求になるような事柄ではない。とくに政府通貨の発行と信認に関しては、殆どの国民が異議なく受け入れ信頼できる権威が存在していることが必要です。

国民の心性を形成してきた宗教的伝統にはそうした権威がある。結局彼は、社会信用論はその国の宗教的伝統に根ざした社会倫理に裏付けられねばならないと考え、実践的キリスト教という結論に行き着いたのです。というのも、冒頭に話したように経済史と宗教史はクロスしていて、経済は物、宗教は心というように切り離せるものではないからです。ただ、キリスト教に基づいて社会信用論を実現できるかどうかは日本人の私には分かりません。おそらく日本においても、私なりにすでに提案していますが、信用の社会化は神道と仏教の伝統が育んできた社会倫理に結びつくべきではないか。社会信用国家が単なる計算尽くめの政策から生まれることはありえないのではないか。そう思っています。そして日本の歴史と伝統がわれわれを援けます。日本には古来、皇室という政治を超越した権威が存在しています。それで、講演などで、日本では政府通貨は皇室直属の国家信用局による皇室券の発行のかたちで実現することが望ましいと言っているわけです。

私は繰り返し、人間は社会的な連携や協力が不可欠なのに動物のような集団形成の本能が欠如しているというディレンマを抱えていることを指摘してきました。それでは何が集団形成の本能に代わって人間の社会をまとめて一体化させているのでしょうか。それは理性でもたんなる感情でもないでしょう。たんなる理性や感情は容易に分裂や争いの原因になります。人間社会のまとまりを生みだしているのは信頼です。人間において集団形成の本能にあたる役割を果たしているのは、人々相互の信頼です。信頼こそ、人間社会の根源的な現象です。歴史においては強国や覇権国は現れては消えていきます。そして人々の間に信頼の深い絆がある国だけが、もっとも強くて安定した、そして潜在的にもっとも豊かな国なのです。

第8章　日本史を再考するⅠ（古代から江戸時代まで）

——文明のユニークさを探る

今こそ日本史を再考する時

それでは、世界から日本と日本人に話を移しましょう。私は実をいうと、あまり日本、日本史について語る資格があるとは思っていないのです。というのは、西洋思想史の研究で手いっぱいで、日本史にまではとても手が回らなくて、日本文化、日本史については一般啓蒙書以上の知識があるわけではないのですよ。しかも、日本史についてはすぐれた研究者がいっぱいいますし、アマチュア歴史家でも薀蓄《うんちく》のある人はざらにいますので、私などいい加減な発言はすべきでないと思っています。

自分は日本史を語るには向いていないと思うもう一つの理由は、私は東京都の杉並区で生まれ育ちました。こういう東京の山の手は土着の香りが全然ない、人工的で殺菌された日本でも例外的な土地なのです。地方の人は、自分の地域に由緒のある寺社などがあって、そうしたものを通じて皮膚感覚で日本の重層的な歴史を感じとれるだろうと思います。杉並区にも一応寺社はありましたが、由緒あるものではありません。私自身、若い時に通信社に入って地方勤務をして、そこで初めて日本には東京の日本と地方の日本という二つの日本があることに気が付いた、そんな人間ですから、あまり日本史を語る資格があるとは思っていないのです。それでも敢えて、日本と日本史について語ろうと思うのは、私であろうとだれであろうと、今すべての日本人が日本人であることの意味を考えなければならない時期にきているると考えているからです。その意味で私も日本史については、浅学非才にもかかわらず、思想史家というより、一人の日本人として発言しなければいけないと思っております。日本史については、門外漢ながら、こんなことを思っているということをお伝えしたいわけです。ですから奥行きのある薀蓄を期待されると困ります。西洋思想史をやってきた人間だから目につく岡目八目ということもあるだろうと、そう思いまして、お話しすることにします。

古代日本が大化の改新で、隋唐の文物を本格的に輸入してから平安朝の国風文化が生まれるまで一世紀半、そして黒船の圧力で開国してから今日までやはり一世紀半です。現代日本は西洋の文物を消化吸収した上で、新たな国風文化が生まれる時期を迎えているのではあるまいか。そういう時期であるとすれば、今の日本における、さまざまな動きを右傾化とか、そんなふうに決めつけるべきではない。そういう時期であればこそ、すべての人が日本と日本人について考えるべき時期がきていると思っています。しかもこれはたんに開国からもう一世紀半経ったという時間の問題ではない。

二十一世紀の現在、日本は歴史の具体的な変動によって転換と脱皮を迫られています。とにかく黒船による開国以来、日本の近代史は否応なくアメリカという国と密接に絡み合ってきました。日本帝国は中国をめぐってアメリカと争い、敗れて占領された日本は一転してアメリカの保護国になり、冷戦で漁夫の利を得て戦後の平和と繁栄を享受しました。だが覇権国アメリカは、今やまぎれもなく凋落しつつある。敗戦と占領によって生まれアメリカナイズした戦後日本、今後の日本はその延長線上にはないことは明らかです。アメリカに保護された商人国家日本は過去のものになりました。しかもこの問題は、アメリカと距離を取れば片付く問題ではない。アメリカの覇権の揺らぎはまた、アメリカ的な価値観、生活様式の行き詰まりでもある。アメリカ的な石油資本主義の成長の限界、グローバル金融資本主義の破綻、とくにピーク・オイルが重要な問題です。工業社会のエネルギー源である石油の生産が今後逓減していく以上、アメリカが代表してきた豊かな工業社会は終わりを迎えている。そういう視点で改めて日本の歴史を再考察することが必要になっている、そう考えています。

日本と資本主義

日本はある意味で謎の国です。資本主義を生んだヨーロッパとはユーラシア大陸を挟んで正反対の位置にあり、その地理的位置のおかげで長らく世界の動乱の外にあった。国土も限られ資源も豊かではなかった。その国が十九世紀に開国するや、あっという間に軍事大国になり、敗戦後はアメリカを脅かすほどの成功した資本主義の工業国になった。世界も、日本人自身もこの日本の謎に今も戸惑っています。

この日本の歴史を考えるうえでは、市場経済一般と資本主義を区別することが重要だと思います。江戸時代の日本はすでに市場経済の国であり、各藩は農民から徴収した年貢の米を大坂の市場で換金し、その金で藩を運営していました。だから十八世紀の儒学者、海保青陵などは漢籍を自由に読み替え、武家の主従関係をギブ・アンド・テイクで説明するというアダム・スミスまがいのことをやっています。このように日本は非ヨーロッパ世界では唯一、すでに江戸時代に西洋モデルの近代化に適合した経済的、社会的、文化的素地が形成されていたことは、内外の歴史学者の常識です。

だが江戸時代の日本は資本主義社会とはいえない。では市場経済一般と資本主義経済は、どう違うのでしょうか。この違いをはっきりさせるには、日本と典型的代表的な資本主義国である英国を比べてみるのがいい。すでに論じたように、近代ヨーロッパの資本主義の発端には、新世界アメリカからの金銀の略奪がありました。宗教戦争の一環で英国はカトリックのスペインと争い、その海賊船は中南米から財宝を積んで帰国途中のスペイン船隊を襲い、金銀を手に入れました。民間に金銀が豊富に出回るようになったことから英国では近代的な銀行制度が誕生しました。さらに英国はカリブ海の植民地で黒人奴隷を使って砂糖を生産するなど、いわゆる三角貿易で法外な富を蓄積し、それが後に産業革命の資金にもなりました。資本主義の発展には、タナボタで得た富、海外植民地の経営、そして濡れ手で粟の儲け話が次々に何世紀も続くといった歴史的偶然が必要だったのです。ヨーロッパ人はアメリカの征服で、資本・労働・土地という生産の三要素をごっそりタダで入手し、それが契機となって資本の土地と労働に対する支配が確立しました。英国ではこれに、富を享楽的に消尽せず富をさらに蓄積するために再投資するピューリタニズムの倫理が加わります。

江戸時代の日本にはこういう資本主義が成立する条件はまったくありませんでした。労働と土地の対価は高いうえに政治的文化的な制約もあり、大坂商人にしてもその儲けはたかがしれていました。宗教の面でも、神道と仏教の伝統はむしろ資源の節約や環境の保全に適していたのではないでしょうか。ですから日本の資本主義は国際的外圧によって生まれたというしかありません。

資本主義の権化のような国アメリカが日本に派遣した黒船という外圧です。しかし人口の大半が農民だった戦前の日本は、軍事大国ではあったが、資本主義の工業国といえるかどうか疑問です。

当時の日本に見られたのは、江戸時代の遺産に依拠した近代化でした。もっとも昭和日本の総力戦体制は、戦後の工業化への助走になったようです。

日本が本格的な資本主義工業国になったのは、戦後の復興期のことでしょう。それは、アメリカが日本を極東における反共の防波堤にしようとしたこと、そして日本がアメリカの保護国として、その核とドルと石油の傘の下で、世界中の資源と市場に自由にアクセスできるようになったことの結果でした。ですから日本の資本主義は常に国際政治の産物だったことになる。結局、アメリカの覇権の行方など国際情勢の変動が、その存続を左右することになるでしょう。

地理学が歴史考察の前提となる

次に日本文明というものを私がどう理解しているかをお話ししたいと思います。まず日本文明のポイントは、師匠が存在したことです。古代の中国、近代の欧米という師匠があったわけで、師匠から熱心に学びながら、結局、きわめて異なる独自の文明を生み出した。師匠と弟子のはずが異質な文明になった。この日本と師匠だった中国と欧米の比較文明論、比較考察が日本文明を考えるポイントになるのではないか。先進文明を学んで、それを自分の流儀でデフォルメするところに日本の個性が表れている。

その上で日本史を考えると、日本史には地理的前提があります。これは日本史にかぎらず、各国の歴史を考察する時には、地理学がつねにその前提になります。だからロシア史を考える場合、広大なユーラシア大陸の国、寒帯の国ということを抜きにロシア史は理解できない。歴史を考える場合、どこでも地理学が前提になる。とくに日本の場合、これがたいへん際立った問題になっています。大陸の中国と島国の日本が海を挟んで向き合っている、日本と中国はおそらく地球上でいちばん極端な対照をなしています。中国は古代から専制体制に走りやすい典型的大陸国家で、日本は日本で絵に描いたような島国です。島国としてはかなりの大きさがあり、まとまりもよく、英国と比べてみても、さらに典型的な島国です。典型的な大陸国家と典型的な島国が向き合っているわけですね。この地理学的な構図が日本史を左右していると思います。

付け加えると、その間に朝鮮半島が挟まっている。朝鮮半島は中国の尻尾みたいなもので、中国の一部であるような、ないようなきわめて不安定なかたちで存在している。中国と日本が対照的であると同時に、その間に挟まって朝鮮半島がある。これは非常に軋轢が生じやすい構図だと思います。神がトラブルを起こしてやろうという邪悪な意思で、こういう地勢図を作ったのではないかと思いたくなるような位置関係です。日本と中国は英国とヨーロッパの関係に似ているようにみえますが、ヨーロッパは中国ほど広大な大陸ではないし、中国のように政治的に統一されたこともない。またグレートブリテン島がヨーロッパ大陸から離れているといってもドーバー海峡を挟んで目と鼻の先みたいなものです。

中国と日本

古代の大和朝廷の日本は、帝政中国の巨大な圧力の下で成立した国でした。「日本」という国名自体、日本は中国からみて日が昇る方向に位置している国であることを意味しています。隋と唐は、日本には文明化の師匠であると同時に日本を飲み込みかねない大陸勢力であり、とくに唐とは白村江で戦って敗北し、日本は朝鮮半島から追い出されました。その後、唐のオブザーバーが日本に派遣されるといったこともあったようです。この状況下で日本が唐の圧力にもかかわらず国として存続するためには、自らを唐化、中国化せざるをえませんでした。こうして日本は大化の改新以降、帝政中国の律令制を導入するわけですが、律令制は形骸化しながらも国家の基本的な枠組みとしては幕末まで続きます。だから古代以来、皇室が存続してきた。皇室の地位の変遷は、日本の国情に即して律令国家がデフォルメされてきた歴史に重なります。

ところがご存知のように、帝政中国は公地公民制で、土地、人民は皇帝の財産であって、人民には土地の所有権はない。だが日本では律令制を導入するやいなや墾田永世私財法が制定されます。これは近代的私有財産ではないけれども、私人が開墾した土地の永代私有を公認しています。そういう所有を律令国家の権威をもって認めている。ですから建前は中国風律令国家でも、中身は中国とは正反対のものになっている。これにはいろいろな地理的、経済的、歴史的事情があるわけですが、これをみても中国と日本の国家の在り方は、アンチテーゼの関係になっているのです。

日本がインドやロシアやサウジアラビアと異質な国であることは自明の理ですが、異質であるがゆえにお互いにギブ・アンド・テイクで、ビジネスライクな付き合いができる面もある。ところが中国と日本の場合は、正と反のアンチテーゼの関係になっています。かたちのうえでは中国の制度を導入しながら、実態では中国がやっていることを日本はさかしまにしている。日本は伝統的に豪族による地域支配の国で、中国のような科挙制度はない。そのうえ九世紀末には遣唐使が廃止され、中国の華夷秩序に属したこともなかった。

ただし、形骸化しても律令制の枠組みが存続したことは重要です。武家の事実上の土地所有を法的権利にしうるのは、この国家の枠組み、つまり天皇の権威でした。これが、武家が決して皇室を廃絶しなかった理由でしょう。とにかく日本と中国は異質と言うよりさかしまの関係なのです。だから戦前のように「日中は同文同種」などという発想でいると、このアンチテーゼという事実に復讐されることになる。日本は他の国々とはビジネスライクに付き合うとしても、この問題がある以上、中国、朝鮮との関係には深入りしない方がいいのです。

日本とヨーロッパにだけあった封建制

非西洋世界では日本だけが多くの点でヨーロッパに似た社会構造を持っていました。これは日本でも欧米でも歴史学会の常識です。福沢諭吉は脱亜入欧と言ったことはなく、これを彼の言葉とするのは戦後広まった俗説のようです。それはともかく、日本は入欧しなくても、もともとヨーロッパに似ていたということです。では、なぜ日本とヨーロッパは似ているのでしょうか。その答えは、世界の中でも日本とヨーロッパにだけ封建制があったということです。

封建制についてもっとも重要な研究をやったのは、オットー・ヒンツェというドイツの歴史家です。この人はウェーバーとも深い関わりがあった人ですが、戦前のドイツ最大の歴史家とされています。このヒンツェの議論のポイントは、封建制とは歴史の一般的パターンから逸脱して成立した例外的な制度だったということです。

たとえば、古代の氏族社会、最初はどこでもそんなものだったのですが、それが発展してくると、ギリシャのような都市国家になる。都市国家が連合して、最後にはローマのような大帝国にまでなる。これが国家の形成では自然というか、必然とはいわないけれど、自然な進化過程、一般的パターンなわけです。これに対して封建制は、自然に生まれてくるものではない。

ヨーロッパの場合ですが、ローマ帝国が滅亡して、アルプスより北の西ヨーロッパで新たに中世キリスト教文明というかたちで、西欧文明が生まれてきます。当初これは貨幣のない自然経済で、もちろん都市もない、商業もない。しかし、その一方で、かつてローマ帝国がヨーロッパを統一していましたから、行政組織があったという記憶が残っている。しかもローマ教会がローマ帝国の後継者として、全ヨーロッパを精神的に指導している。

このように、未開状態の社会なのに帝国の政治遺産が残っているわけです。そこで未開の社会が文明の制度的遺産をどう受け継ぐかが問題になります。ローマ帝国の記憶が存続しているかぎり、未開社会の自然な進化という進路は閉ざされてしまった。だから未開社会を土台に帝国の遺産を継承するしかない。そこでヨーロッパはどうしたかというと、司法、立法、行政のような高度な国家権力を、地方権力、領主とかに譲渡することにした。領主と家臣の間の忠誠の絆、主従関係を社会の基礎的な関係として、それが法の代用をするものになっていく。その結果、さまざまなローカルな権力の自治と分権を原則とする政治体制が形成されていく。

さらに中世のヨーロッパでは、封建的主従関係と別個に、教会と帝国というローマの遺産の二つの継承者がヨーロッパの支配を巡って争う。中央権力の原理が教会と帝国に分裂して争っているから、社会構造にいろいろな隙間ができる。教皇の権威と帝国の権力が対立しているかぎり、ヨーロッパの一元的統合は不可能でした。その隙間に、どちらにも従属しない、いろいろな自治組織が生まれてくる。そこから中世ヨーロッパ独特の特権を認められた自治都市も生まれてくるわけです。そういうかたちで、未開社会が高度に発達した文明国の遺産を継承するという矛盾を解消するための例外的な措置として、ヨーロッパの封建制が生まれました。そこからまた自治と分権と多元性を特徴とするヨーロッパの社会が生まれた。これが近代的な法治国家なり議会制なりにつながったというのがヒンツェの議論です。

律令制の影響

封建制は歴史の一般的パターンからの逸脱であり例外である。特殊な事情により生じたものです。そしてヒンツェの議論はかなり日本にも当てはまるわけです。日本も半未開状態で先進国中国のシステムを導入し、しかも律令制の建前は幕末まで続いた。帝国型の枠組みの中で未開社会が次第に発展していくというかたちをとった。日本とヨーロッパの歴史はこの点で重なるわけですね。だから律令制を契機にして墾田永世私財法ができて、それがさらに荘園制に発展していく。荘園は自治組織ですよね。外部からの干渉を受けない特権を享受している。このように国家組織が解体していく中で、経済の発展と共に荘園制は大名の領地制に変わっていく。

戦国時代になって、天下統一をめざす動きが出てきて、最後には徳川家が、幕藩体制を分権体制として確立する。幕府は中国の皇帝のように全国を支配したわけではない。徳川家も最大の大名だったにすぎないわけです。自治と分権と多元性という点では、日本の社会はヨーロッパに似ていました。それがまた日本の近代化に有利に働いたといえる。この自治と分権と多元性の社会構造があったから、日本では早くから交通網と商業が発達しました。その結果、日本はすでに江戸時代に市場経済の国になっていました。こういう平安時代や中世にまでも遡る下地があったから、日本の近代化は順調だったわけです。

日本以外の非西欧世界には、封建制が生み出したこの多様の中の統一という社会構造がなく、だから交通や商業のネットワークも発達しませんでした。たとえば中国ではいまだに土地は私有できず、国家からの期限付きのリースで土地を使えるにすぎない。だから明確な私有財産や契約の観念は、いまでも中国にはない。このように、オットー・ヒンツェの議論は日本史を考える上で重要なヒントになります。

律令制を換骨奪胎した日本

日本は律令制をかたちだけ受け入れながら中身を換骨奪胎しました。その結果、日本史を考察する際には、建前と実態を注意深く見分けねばならないことになったのです。『文明としての江戸システム』を書いた鬼頭宏が指摘していますが、江戸時代の日本は事実上市場経済でした。各藩は農民から年貢として取り立てた米を大坂の米相場に回して、現金化して、それで得た貨幣収入で藩を運営していた。市場経済だから契約なども事実上あった。ただ国の建前は律令国家だから、法の隙間をくぐるようなかたちを取らざるをえない。そこが日本史の難しいところではないか。土地の売買だって、限られていたけれど、江戸期にすでにあった。ただ正式に法的な処理はできないから質流れを取り戻すといったかたちを取ったりした。こうしたかたちで市場経済、契約の観念、土地の売買は事実上ある程度は可能だったわけです。

そして明治になって日本人は、ヨーロッパの市場経済とか契約、私有財産の観念に接するわけですが、それで戸惑った様子が全然ないのです。これは事実上その土台ができていたからではないか、同じ法的観念ではないとしても、日本の流儀でね。明治の日本人がそれで大混乱したという話は聞きません。ついでにいうと、最近の中学、高校の歴史の教科書では、江戸時代に関して士農工商という言葉はもう使っていないそうです。これは幕府のイデオロギー的な建前で、それを社会の現実と混同してはならないからでしょう。体制の建前を社会の現実と混同したら、ソ連は共産主義社会だったことになってしまう。実際には江戸時代の身分制は支配体制というより、諸身分の棲み分けの要素が強かったようです。相互に日頃干渉しないという意味でね。確かに農民は年貢をふんだくられていましたが、それ以外では、幕府や藩は惣村の自治には干渉しなかった。しかも士農工商の建前は江戸時代の早くから形骸化していった。厳格だったのは徳川幕府成立当初だけだったのではないか。養子もあったし身分を買うこともできた。日本における身分制はきわめて流動的で形骸化しやすいものだったことは指摘しておくべきと思います。ですから、フランス革命のような、貴族はみな断頭台に送れなどという革命は起きないわけです。養子かなんかで身分制がいつの間にか変質していますから。

和魂漢才から和魂洋才へ

外国の制度や文物を取り入れても中身は日本流に換骨奪胎しアレンジするのが日本の昔からの流儀でした。すでに平安朝の頃に、外国のものを日本流に使いこなす才覚を「やまとだましい」といったようです。ですから幕末の開国後に佐久間象山が和魂洋才といったことは、昔から日本の流儀で今後の日本の国際化、西洋化に対処することを意味していました。問題は、薩長の維新と称する武力クーデターによって成立した明治国家に和魂があったかどうか、あくまで日本の流儀で国を近代化するという姿勢があったかどうかです。廃仏令などで寺や神社を攻撃した明治政府に、和魂などあるはずがありません。天皇を大元帥に仕立て上げた明治の権力エリートにみられる国家のイメージは帝政中国であり、彼らは一元的に統合され君主の臣である高級官僚に統治される国家を理想として、日本の中国化を推進しました。高等文官試験は近代の科挙でした。教育勅語は日本を儒教国家にする試みでした。大日本帝国は、凋落する清に取って代わるべき東アジアの新たな「中華」でした。

この明治国家による日本の中国化は、日本の歴史の基調から逸脱しています。古代以来、日本は外国のすぐれた文物を学ぶことに熱心な国でしたが、これはあくまで日本の文化と社会を守り抜く衛立として使うために学んだのです。日本はいわば、玄関は千客万来で来客を愛想よくもてなすが、客を簡単には奥座敷には上げない、そういう国なのです。これは古い歴史があり長い歳月をかけて醸成された文化がある国としては、当然のまともな態度だと思います。このように日本は常に外づらと内づらがある国です。日本の近代化ないし西洋化は外づらで、西洋の文物を洋才として取り込んだだけ、日本人は精神的には全然西洋化していません。

しかし問題は、明治以後の中国化、戦後のアメリカナイズのせいで、日本人自身が和魂を見失ってきたことです。この点で今の日本人は、古代に唐の文物を導入した際に日本人がいかに「やまとだましい」を発揮したかを想起する必要があるのではないか。またこの視点から、日本最古の史書である『日本書紀』と『古事記』を読み直すこともできるのではないでしょうか。

『日本書紀』と『古事記』には、一流のすぐれた研究がすでにあるし、アマチュアの研究家も数多くいるので、私などがいい加減な発言をすべきではないと思います。ただ、前から気になっていたことがあるのです。日本の国史の出発点には、『日本書紀』と『古事記』という、同じテーマを扱いながら内容に多少ズレがあって性格が違う二つの書物がある。だが国史の書が二つもあり、その色合いが違うことは問題にされたことがありません。この二書を統一して一貫した体系的な国家神学を作ろうという試みもなかった。こうしたことを不思議に思っていたのです。その点でたいへん教えられたのは、作家の長部日出雄の『「古事記」の真実』という本です。作家ならではの洞察がある本です。歴史の考察には、事実を尊重する実証精神だけではなく、記録の欠如を補う想像力も必要なのです。私には記紀そのものについて語るほどの素養はありませんが、長部日出雄のこの本についてのコメントというかたちで、お話ししたいと思います。

記紀の編纂の意味するもの

『古事記』と『日本書紀』はいずれも天武天皇が編纂を命じたもので、天皇は完成を見ずに亡くなっています。天武天皇は日本史上、たいへん重要な天皇です。ところが、われわれの世代は天皇制国家批判一色の時代に育ったために皇室の歴史など習わずにきてしまった。しかし皇室を抜きにしては日本の歴史はまともに理解できないのです。これは皇国史観のプロパガンダとはまったく別の事柄です。おかげでわれわれの世代は歴史について常識と教養に欠け、日本史を理解することが困難になっているように思います。

天武天皇は、日本史上初めて、自ら天皇を名乗り、神格化された専制君主として振る舞った人といわれています。一方で、大嘗祭とか伊勢の式年遷宮を定めたのもこの天皇で、日本の国柄を決めるうえで重要な位置を占めている天皇です。記紀の編纂を命じたことも、この国柄の仕上げと決定の一環でしょう。私のみた感じでは、天武天皇は軍事的な性格を持つ専制君主として振る舞おうとしたといわれていますが、一面ではロマンチックな和歌などを詠んでいて、とてもそうしたタイプの人間には見えない。秦の始皇帝のようなタイプではない。当時の日本は唐の凄まじい圧力を受けていて、白村江の敗北もありました。だから、専制君主は外交的ポーズだったのではないか。『日本書紀』も、唐から来た使者に見せて、唐の皇帝に「ほほう、日本にも堂々たる王朝があって、正史も書かれているのか」と思わせる、そういう外交的効果を狙った文書ではなかったか。だから宮廷の役人がチームワークで作った史料の集成という面があるわけですね。公文書アーカイブの要素があった。つまり『日本書紀』が見せているのは、日本の外向きの顔ではなかったか。

日本文化の二元性

これに対して『古事記』は、日本の内づら、鏡に映った日本自身の顔を示しています。『古事記』編纂の目的は、日本国内に対して大和王朝の正統性を主張することにありました。大和王朝は各地の首長と民を次第にその影響下におき、国家を統合していった。この過程が、出雲など各地の伝承が王朝の神話に系譜的に関係づけられ統合される物語になります。系譜づけによる統合で、王朝神話の押し付けではないことは重要でしょう。そして長部の本では、太安万侶に各地の伝承を語り伝えた稗田阿礼は女ではなかったかということがポイントになっています。稗田阿礼女性説は江戸時代から何度も蒸し返されている説ですが、長部は鋭い指摘をしています。

まず『古事記』の中の記述をみると、女性の視点としか考えられない要素が多すぎる。『日本書紀』では男子出産がめでたい、女の子はきたないとされているのに、『古事記』は反対で女子出産を喜ぶというように評価が正反対になっている。それと『日本書紀』が無味乾燥な史料の記述であるのに対して、『古事記』は男女の恋愛とか求婚とか、そうした話が多い。その一方では政治的な大事件が無視されていたりする。だから稗田阿礼は女性だったのではないか。『古事記』でも後代の天皇記などは宮廷の史料を使っていると思いますが、神代の部分、出雲の部分などは稗田阿礼が朗唱して、それを太安万侶が書き留めたとされています。稗田阿礼がこのように日本各地の多彩な伝承を語り聞かせることができた理由は、学者の博覧強記とは訳が違う。むしろ歌手の例を考えた方がいい。歌手が沢山の歌の長い歌詞を諳《そら》んじているのは、リズムや振り付けと共に歌詞を体で覚えているからです。稗田阿礼もそういう人だったのではないか。阿礼は自分が覚えている各地の部族の伝承や歌謡を芸能として演じてみせたのではないか。このあたりは私の推測ですが、稗田阿礼は宮廷の芸能部門の総括責任者で、おそらく自ら歌い踊ったダンサーだった人ではないか。長部も、『古事記』の神代の部分にはミュージカルの要素があると言っています。これは至言と思います。

ここに日本文化の二元性が現れています。すでに『古事記』と『日本書紀』の段階で日本には内向きと外向きの二つの顔があった。外向きの『日本書紀』では強面の男性原理、内向きの『古事記』では女性原理が際立っている。天武天皇は、対外的には強面の専制君主として振る舞ったけれども、国内向けには日本の文化や芸能の保存と発展に心血を注いだ、そういう人だったのではないか。その記紀編纂事業を女性の元明天皇が受け継いで、とくに『古事記』は、宮廷の中で女性の地位が高かった時期にまとめられた作品といえます。

これ以来、日本は国家を一元的原理で統一する気がなく、二元のままでやっていく国になった。『「古事記」の真実』によると、当時の宮廷の音楽部門も唐などの外国音楽の部門と日本音楽の部門と別れていて両方教えられたそうです。このように、日本という国は外国の文物を取り入れても、それはあくまで日本の文化と歴史の独自性を守るため、そういう戦略が天武天皇あたりで確立した。そう感じます。唐風と国風の二元性があり、稗田阿礼が語ったのは主に地方の豪族に伝えられた芸能民の伝承ですから、中央と地方の二元性もあります。『古事記』はまた、日本の社会は古来、武力や宗教の教理ではなく主に芸能によって統合されてきたことを示唆しています。日本という国の秘密を解く多くの鍵を『古事記』は秘めています。

土俗的な伝承を残す『古事記』

日本文化の二元性はまた、中央と地方の二元性、というか中央は建前で地方が実態という二元性です。大和王朝は対外的には天皇が統治する統一国家のポーズをとっていたけれども、実際には日本は各地に割拠した豪族の連合体のようなものだった。だから大和王朝も、各地の伝承を王朝の神話に系譜づける、王朝の神話をシナリオにしてそれに各地の伝承をエピソードとして組み込むことで満足していた。国家の思想的統一、民に対する思想統制には関心がなかった。これも日本という国の特徴だと思います。

文明の歴史において、最初にあるのは、氏族や部族の口承の伝承ですね。それが文字の導入と共に国家神学に体系化される。それがおおよその国家の進化の過程です。旧約聖書も中東のさまざまな部族伝承を強引に一神教の神学に統合したものといえるし、キリスト教の歴史もいろいろな土俗的伝承をキリスト教会のドグマに組み込んでいった歴史です。中国でも詩経など、もとは民衆の卑猥な俗謡だったものをこじつけ解釈で道徳的な説教にしたりしている。

たいていの文明では部族の伝承、土俗的土着的な匂いがする伝承を殺菌処理し体系化して晩餐会用のフルコースの料理にするものなのです。だから、たとえばクリスマスはゲルマン民族の古い習俗だったものを教会がこじつけてイエスの誕生日にしてしまう。これは教会の組織的な戦略でした。無理に古い習俗を排除しないでキリスト教の習慣ということにせよと教皇が指示していました。この戦略はきわめて効果的で、古い習俗が持っていた意味は、このすり替えによって急速に忘れ去られた。こうしてヨーロッパの古いフォークロア的文化は地下に追いやられてしまった。中国もしかりでしょう。ヨーロッパや中国では、権力者はこの部族のオーラルな伝承から文字による国家神学へという変遷を意図的、計画的に推進しました。それは民衆が馴染んできた伝承や習俗をキリスト教や儒教による教化で絶滅させ、制度宗教で民衆を思想的に統制するというかたちをとりました。ここでは晩餐会用のフルコースの料理はすべて調理済みで生の食材はありません。そして材料の伝承を煮たり焼いたり刻んだりという調理の過程は隠されています。

ところが『古事記』では、各地の部族の伝承を朝廷の神話に系譜づけていく、そのために材料を煮たり焼いたり刻んだりしている調理の現場がそのまま開示されているのです。これに対応して、話の中身にも伝承の生の材料が出てくる。公式の国家神学にはあるまじき、排泄物だの月経の血だのが出てくる。天皇が気まぐれで女好きなことにも呆れてしまいます。戦前の天皇制国家は、よく『古事記』を発禁にしなかったものだと思います。これをみても日本は古来、国家神学による思想統制には無縁な国だったことが分かります。思想統制を嫌悪するのは日本人の昔からの体質で、外来の自由主義の影響などではありません。

土俗的な伝承を神学化した中国、ヨーロッパ

これに対して、中国でもヨーロッパでも他の文明では、権力の課題は体系的国家神学による民衆の教化、思想統制です。思想の統一が国家の統一に不可欠な条件になります。ヨーロッパではこの文明の在り方はロゴスとして定式化され、中世では神学、近代では存在論のかたちをとってきました。このヨーロッパの伝統的な存在論においては、あらゆる生成は存在として完成されなくてはならない。〝Werden（生成）〟は〝Sein（存在）〟として完成される。この存在論の元祖がアリストテレスで、存在者の変化と生成を可能態が現実態になる過程として説明しました。このアリストテレス以来のヨーロッパの存在論を完成させたのがヘーゲルです。ヘーゲルは、生成が存在として完成される過程を「発展（Entwicklung）」と呼びました。ヘーゲルの発展概念においては、生成は否定的なこと、欠落や不足を意味します。このようにヨーロッパ思想の伝統においては、存在は完全なるものを意味しています。だから存在イコール完成ということになる。これもヨーロッパの存在論は究極的に神の存在に関わるもの、存在神学だったからです。だからハイデガーも、この伝統を突破するのに苦労しているわけですよ。

ところが日本には、存在は完全、生成は不完全などという思想はまったくありません。『古事記』

をみても、神を完全な存在にして体系的国家神学を構築する気がない。むしろ反対に、部族のオーラルな伝承を煮たり焼いたり刻んだりの調理現場を見せている。神話の生成過程を提示しているのです。これが日本の体質というか、伝統なのではないか。生成は生成のままでいい、死と再生がいつまでも繰り返されていく、それでよしとする。だから現実はあくまでも不定形、未完成、未完結な生成であるとするのが日本人の感性なのではあるまいか。

そして存在論は文明の在り方に反映されます。多くの文明は模範となる完成された人間類型を設定して、それに人間をはめ込もうとします。中国なら君子とかヨーロッパなら完徳の聖人とか近代英国ならジェントルマンとか。だが思想統制がなかったこの国では、人間を一定の型にはめようとすることもなかった。完全を理想としない社会では、模範的人間像など生まれようがありません。日本では文明が定めた基準に合っているかどうかではなく、個々人の修養の成果が評価されます。だから剣豪や俳聖はいます。このように、存在とは生成の過程であり、未完成、未完結、不定形な現実をよしとする、それが日本人の感性なのではないか。それがもののあわれといった言葉によって表現されているのではないか。ここに日本の個性、独自性があるように思います。

この個性は、野性と洗練された様式が渾然一体になった日本の美学にも反映されています。日本では文字文化、書かれた言葉を前提にした国家神学はついに成立しなかった。記紀は聖書や論語のようなものにはなりませんでした。だから戦前の皇国史観など不細工な代物なわけです。日本では昭和期の軍部だけが総力戦遂行のために思想統制を試みましたが、これはまったくの付け焼刃に終わりました。

神仏習合のダイナミズム

日本史の二元性、生成でよしとする態度、それに加えて、もう一つ日本史のダイナミズムとして指摘できるのが、神仏習合です。これは日本史のダイナミズムそのもので、日本には進歩とか革命とかで、文明のかたちがごっそり入れ替わることがなかった。新旧が交代することがなく、古層がずっと残存する。その上に新しいものが追加や補足として重なっていくと。これが日本史なのではないか。その典型が神仏習合で、神道が仏教に抵抗したわけでも仏教が神道を排除したわけでもない。神道の基盤のうえに仏教が重なって、いつのまにやら神仏習合になった、戦前の日本人の家には仏壇と神棚が両方あったりして、それを誰も不思議に思わない。だから日本人は災難に遭うと「神も仏もあるものか」などと言う。これが日本的だと思います。

ではなぜ神仏習合が可能だったのか。これは難しい問題ですが、一因として日本人にとっては神道も仏教もフランス語でいう「生きる技法（art de vivre）」だったことが挙げられるかもしれません。神道は教義ではなく神事の宗教です。仏教も、その宗派には複雑な教義がありますが、それはあくまで真理を体得して悟りを開くための手段です。仏教の根本は、修行です。神道と仏教のいずれにおいても肝心なのはプラーグマ、行い、所作、振る舞いなのです。ここに習合を可能にする共通の基盤があったのではないか。また日本人は神社に参って安産や子供の健やかな成長を祈願し、葬式は仏教で出す。神道は生命、生産、共同体の存続と繁栄に関わり、仏教は死すべき個としての人間に関与しているように見えます。もっともこの分担は厳密なものではないでしょう。

「古池や蛙飛び込む水の音」は芭蕉の有名な句です。ここで古池は、今の流行語でいえばパワースポット、自然の奥深さが深く感じられる場所で、神道の感受性を示しています。これに対し「蛙飛び込む水の音」には仏教の余韻があります。生命は一瞬音を立て万物の静寂を破って消えていく。この芭蕉の句では五七五の僅かな語句の中で神道と仏教が渾然と融合しています。これが日本文化です。

ついでに言いますが、日本は儒教文化圏の国ではありません。未だにそういう議論を見かけますが、日本人にとって儒教は書物教養以上のものではなかったと思います。日本語から仏教用語を除いたら日本語の日常会話は成立しないでしょうが、庶民の日常用語になっている儒教用語はちょっと考えつかない。中国の儒教は論語にとどまるものではなく、儒教式の建築とか料理とか踊りとかもあるわけです。そういう儒教文化は日本には全然入っていない。日本のいたるところに仏像はあるが、孔子像はみたことがない。そういう意味で儒教は書物教養にすぎなかった、江戸時代に官僚化した武士に要求された教養以上のものではなかったと思います。

平安朝のおんな文化が日本をユニークな文明に

さらに日本文明をユニークにしたもの、それは平安朝のおんな文化だと思います。紫式部、清少納言などに代表される当時の宮廷文化は、おんな文化の世界と言えるのではないでしょうか。なぜこの点で日本文明はユニークだったのか。他の文明でも皇帝の后《きさき》が宮廷の人事を左右するとか、十八世紀フランスのサロンで貴族のマダムが隠然たる勢力を振るうといったことはザラにありました。しかし世界の主要な文明国の中で、女性の感性に支配された一時期を持った国は日本だけです。平安朝はもう母系社会ではないし、当時の貴族の男性は別にフェミニストではありませんが、平安朝が女性の感性に支配された時期だったことは間違いない。日本を美と感性を重視し繊細な配慮を怠らない、比類なくユニークな文明にしたのは、平安朝のおんな文化です。この文化は武家の世になっても社会の伏流として生き続けた。遊行する巫女で近世に歌舞伎を創始した出雲阿国が、この伏流を象徴しています。

しかし、女性の感性の支配は、そのまま女性の社会的地位につながるものではない。武家社会の家父長制は、女性から人格の自由を奪いました。その点で、日本の遊女の歴史を顧みると複雑な思いにとらわれます。彼女たちは平安のおんな文化の誇り高い継承者であると同時に、家父長制の典型的な被害者でもあった。一世の名妓と謳われ近松の浄瑠璃のヒロインにもなった大坂は新町の夕霧太夫も二十代前半の若さで死んでいます。しかし、おんな文化を抜きに日本文化を語ることはできないでしょう。日本独自の文化というと、やたらに侍が強調されがちなので、改めてこのことを強調しておきたいと思います。しかも、この平安時代に女性が仮名文字を広く使い始めて社会に普及させたことが日本文化を決定的にユニークな文明にしました。これで日本はそれまで師匠だった帝政中国とはまったく異なる文明を発展させることになった。仮名という音標文字と漢字という表意文字を使い分けることが日本文明の独自の特徴になり、また仮名のおかげで日本では早くから識字率が向上しました。

四つの文字システムを使い分ける

ついでに、少し話を拡大しますが、文化人類学では文明と未開を文字の有無で分けますね。未開は無文字社会ということですね。このように文明の成立に文字が決定的なものであるなら、文明の性格もそれが使用する文字体系によってかなり決定されるのではあるまいか。そういう意味で文字人類学、文字学というものがあってもいいのではないかと思います。欧米はアルファベット、中国は漢字、日本は漢字とカタカナ、ひらがなを使い分け、さらにアルファベットも使うから四つの文字体系を使い分けている。こうした違いはかなり文明の性格に影響しているのではないか。

アルファベットは、もともとは古代にフェニキア人が商業上の目的で発明したもので、かなりデータの保存と伝達というディジタルな情報技術の要素があるわけですね。そして音標文字は、言語の音韻の分析によって成立しています。それがヨーロッパ文明にどのような影響を与えたかが問題になりますが、私にははっきりしたことはいえません。ただアルファベットがグーテンベルクによる印刷術の発明を容易にしたことは間違いありません。またアルファベットという文字体系がヨーロッパの法思想にどのような影響を及ぼしてきたのかも重要な問題ですが、これに関しては今後の研究をまつしかありません。

中国の場合、これは私の印象にすぎませんが、中国の正式な北京官話の中国語をみていると、電報みたいな印象を受けるのです。電報のようにメッセージを簡略に手短に伝えている。ご存知のように中国にはたいへんな数の方言があり、中国人同士でも会話は通じない。そのため中国の国家は北京官話という文字体系で統一されてきたわけですね。文字のお陰で、帝政中国は統一されてきたし、いまもそうです。中国の漢字システムは、皇帝の命令を広大な全土にくまなく伝達するための言語という要素が強いわけです。だから電報のような文章になる。簡略で簡潔、余韻も何もない文章になる。だから帝政中国では漢文をコンピューターのプログラムのように巧みに操れる者が科挙で抜擢されて皇帝のエリート官僚になりました。これが中国の伝統で、たとえば、毛沢東が文化大革命で「造反有理」といえば、それで何億という人間が一斉に動く。このように文明が使用する文字体系は、その世界観や価値観から政治にまで影響を及ぼしています。

単語が状況、文脈を喚起する力を持つ日本語

ところが、日本語の場合、日本人が四つの文字体系を使い分けていることが日本語を独特の言葉にしていると思います。日本人は、抽象的概念的でハードな漢字と身振り豊かでパーソナルな、ソフトな仮名の間を絶えず行ったり来たりしています。日本語は開かれたシステムで、漢字は仮名の身振りによって、仮名のニュアンスは漢字の抽象性体系性によって相対化されます。このハイブリッドということが日本語の比類ない特徴です。そこから多彩な語彙が生まれ、それを使い分ける文脈が重要になってくる。たとえば、「岸壁の母」という演歌がありますが、あれは「岸壁の母親」では演歌にならない。新聞記事みたいになってしまう。「岸壁のおかあさん」もおかしいし「岸壁のママ」は問題外です。やはり「岸壁の母」でないといけない。英語でしたら母親

を意味する言葉は〝mother〟と幼児言葉の〝mum〟や〝mom〟があるだけです。これが日本語だと母、母親、おかあさん、おふくろ、母上、ママなどいろいろな言葉があって、それぞれニュアンスと使われる文脈が違う。ヨーロッパの言語では意味は語の配列だけで決まってしまう面があるけれど、日本語は、さまざまな語彙があるから、語の意味が言外の文脈とか状況で規定される面がきわめて強いわけです。

そういう意味では日本語は、語に特定の状況とか文脈を喚起する力がある。だから五七五の俳句が可能なわけです。英語やフランス語でも俳句もどきは作れますが、結局は日本語でないと本物の余韻と奥行きがある俳句は作れない。単語自体にさまざまな状況や文脈を喚起する力があるという日本語の特性が俳句を可能にしていると思うのです。それを要約しているのが俳句の季語でしょう。一方で、中国語では俳句は作れません。中国人が日本の俳句を紹介しようとする時は、日本語の原文とその漢訳を並べて解説するみたいなかたちになるようです。そこに日本語と中国語の違いがはっきり現れています。そういう意味で、俳句は日本語の純粋な結晶のようなものです。

元寇は外敵の脅威だったか

また話は飛びますが、日本という国は幕末の黒船まで外敵の脅威がなかった国だと思います。日本はずっと世界史という修羅場の外にあって、その古来の気質や資質が外的ショックによって損なわれたことがない、かなり幸福な国というのが私の見方です。こう言うと、元寇の脅威があったではないかという反論がでると思いますが、日本人にとっては、元寇は九州ローカルの事件にすぎなかったのではないか。元寇が一大国難であったなら、それは集合的な記憶として謡曲や歌舞伎などの主題になったはずだと思うのです。ところがそんなものは全然ない。九州に元寇にまつわる祭りや芸能が残っているといったことさえない。しかも結果的にみると、元寇は元側の壊滅的敗北に終わっています。

お粗末にも私は元寇の原因についてよく知らずにいたのですが、この点では、ＮＨＫの「その時歴史が動いた」という番組を観る機会があって教えられました。「北条時宗、起死回生の決断――モンゴル軍壊滅の時」と題する回です。それによると、元は短期間にユーラシア大陸を東西にまたがる大帝国を作りあげた。この帝国の広大な領内を移動する際に金銀を持ち歩くのはたいへん不便だったので、帝国内で通用する紙幣を発行することにした。この紙幣は要求すれば銀に替えてもらえる銀兌換紙幣だった。だから銀はいくらあっても足りなかった。その中で北京の元の高官の耳に日本は金銀を豊富に産出する国という情報が入った。それで日本を攻略する計画を立てた、そういうことらしいのです。元寇は、元の通貨政策に原因があったわけです。これだと、なぜ元が不慣れな渡洋作戦をやってまで日本を攻略しようとしたのか、なぜフビライが死ぬまで日本攻略にこだわっていたのか、理由がよく分かります。

では、なぜ元が敗北したのか。それは元が鎌倉武士というものを知らなかったからだと思います。鎌倉武士は所領安堵で、土地所有が命ですから、元軍の侵略に対して死に物狂いで反撃した。鎌倉武士とはいかなる敵か知らなかったことが敗北の原因と思います。結局、元軍は、上陸はしたものの橋頭堡を作れず、いつまでも沖合を船でうろうろしていて、暴風雨にやられました。元寇をきっかけに元は海軍力を失って、逆に日本の倭寇による大陸襲撃に道を開いてしまったというありさまです。元軍はほとんど九州武士団だけで食い止めています。全国の武士を総動員する必要がなかった。そういう意味で元寇は日本人のトラウマにはならなかった。上陸した元軍は原始的な爆弾も使ったのですが、それで大きな被害が出ていたら日本側も爆弾の開発に努めたはずです。そんなことは全然やっていない。爆弾は当初武士をびっくりさせただけだったのでしょう。元軍は槍と弓と刀で片付いた。元寇を機に外敵の脅威がその後語り伝えられることもなかった。だから、元寇は一大国難で日本はあやうく神風によって救われたというのは、昭和の軍国主義のプロパガンダだったのでしょう。

ヨーロッパ史と比べれば安穏な日本史

日本には外敵の脅威はなかった。そして律令制導入と同時に墾田永世私財法が制定されて以後、国土の本格的な開拓開墾が始まり、それは江戸時代中期まで続きます。だから日本の歴史は基本的に農業経済の一貫した順調な発展の歴史です。この歴史には停滞とか退歩ということがなかった。これが日本人の概して前向きで明るい性格、災厄に遭ってもケロリと立ち直る、打たれ強い性格を育んだように思います。もちろん天災による局地的な飢饉はありましたが。また日本の国土は肥沃とはいえませんが、農民が勤勉に働き創意を発揮すれば、それに報いてくれました。ですから日本史上、暗鬱な時代、暗黒時代といったものはなかったように思います。日本でも飢饉、疫病、熾烈な内戦はありましたが、ヨーロッパの黒死病や宗教戦争に比すべき社会の破局が発生することはなかった。そして、この順調な経済発展がありましたから、下剋上というか、社会構造は常に流動的だったようです。守旧派と革新派が権益をめぐってゼロサムゲームで激突ということもなかった。

戦国時代は凄惨な内戦の時代のように見えますが、そういう流動的な社会の所産というべきでしょう。古代からの荘園制が大名の領地制に変わっていったこの時期は、当時なりの経済の高度成長期でした。だから合戦はあっても餓死などは起きていない。その代わり森林の伐採がひどかったらしい。武家社会の内部には悲話があまたありましたが。基本的にはそれいけドンドンの乱世でした。信長や秀吉の権勢も、当時の尾張が経済先進地域だったことが背景にあります。そして日本の歴史に関しては、農業土木の視点が重要です。戦国大名は当時のゼネコンで、土木事業の経営者です。だから軍略よりも領地の経営手腕で争っていた。織田、豊臣、徳川の争いもそういう手腕や才覚の争いでしょう。

だから戦国大名は、宗教勢力は危険なライバルとみて虐殺も辞さなかったけれども、農民は経済基盤として保護しました。ヨーロッパのような都市ぐるみの住民の虐殺などはありませんでした。ヨーロッパではルネサンスの時代でも、旅をすることは追い剝ぎに殺される覚悟をすることだったとか、宗教戦争当時は、武器を持たなければだれも外出しなかったといいます。日本にはそこまで治安が悪かった時代はなかったのではないでしょうか。

徳川時代——自治と分権と多元性の体制

ここ三〇年ほどで日本人の歴史意識に生じた最大の変化は、江戸時代についての評価が様変わりしたことだと思うのですね。江戸時代に対する肯定的ないし公正な評価がむしろ主流になってきている。これは、江戸時代は武士が庶民を虐げていた停滞した時代という明治国家のプロパガンダの呪縛から日本人が解放されたということだと思います。といっても一転して江戸時代をユートピアとして美化するのもおかしい。すでに申し上げたように私の見方では、日本の歴史は新旧の進歩や革命による交代ではなく、古いものに新しいものが追加され補足されるというかたちで変わってきました。私の江戸時代への関心もそこにあります。江戸時代の成果に西洋文明の使える部分を適切に追加し補足する。そういう近代化はありえなかったのか、という問いです。明治以来の国家による上からの近代化、西洋化からの脱却です。日本人はあくまで日本の歴史の産物で、ヨーロッパ人に改造はできないのですから。そういう視点から江戸時代のどこを評価するか、考えてみたいと思うのです。

ただ私は江戸時代についてとくに新しいことは言えません。常識的なことしか言えません。古代以来、日本は、自治、分権、多元性を特徴とする社会としていわば定向進化してきましたが、江戸時代はこの過程を完成させたのだと思います。徳川家は天下を統一したけれども、王や皇帝ではなく最強の大名、最大の地主であるにすぎなかった。京都の皇室も潰さなかった。士農工商は建前で、むしろ諸身分の棲み分けの原則だった。だから武士が身分の掟にもっともきつく縛られ、身分が低い職人や商人はのうのうと暮らしていた。

この身分の棲み分けという点で私がもっとも関心があるのが惣村の自治です。武士は年貢をふんだくるだけで行政サービスなどやらないから、村の農民はインフラの整備などすべて自力でやるしかなかった。だがそのおかげで惣村の自治が生まれて発展した。その実態はかなり地域差がありますが、概して村法を定め、村の役職を札入れという選挙で選んでいた。籤引きや輪番制で決めた例もあったようです。村八分は村法違反に対する法的制裁です。これをみると、日本人は法意識が希薄などという議論は根拠がありません。そして日本は自治については世界に冠たる伝統がある国です。日本という国は、社会は一流、経済は二流、政治は三流といわれますが、社会が一流である所以は、惣村自治の遺産が社会の基底に今も生き続けているからではないでしょうか。

この惣村の自治については、近世ですから資料はいくらでもあると思うので、まとまった研究書があってもよさそうに思います。おそらく全国各地の郷土史家のすぐれた業績があるはずです。だがそれだけでは足りない。日本史家にお願いしたいのですが、惣村の自治についての記念碑的名著と言われるような著作が現れてほしい。さもないと日本人にとって貴重な歴史の遺産が見失われることになりはしないかと感じています。

棲み分けと並ぶ江戸時代の日本のもう一つの特徴は、地域の多様性でした。一枚岩の体制は存在していませんでした。江戸は将軍と武家の街、大坂は町人の天下、京都は、武家の影響が一切及ばず藩校もない皇室と公家と町衆の街でした。本居宣長が漢意《からごころ》を排し古代日本の惟神《かんながら》の道を賞揚する人間になったのも、おそらく若い時に医者になるために京都に留学したためでしょう。当時の京都にはまだ古代日本が息づいていましたから、宣長は古代の世界をある程度実感できたのではないか。そして武家の江戸は町人の大坂の米市場でもっていました。だから江戸時代は、正確には、江戸・大坂時代と呼ぶべきでしょう。この点では、江戸時代の大坂はもっと研究されていいと思います。当時の大坂は世界有数の商業都市でした。

しかもヨーロッパでは商業は禁欲的なプロテスタンティズムに結びついたのに、大坂では近松や西鶴のエロス的文化を生み出した。なぜ商業がこのように対照的な結果をもたらしたのか。では大坂はルネサンス期のイタリアに似ていたのか、などいろいろ面白い問題があります。江戸時代については研究が進んで良い本も出ていますが、江戸時代の大坂、京都、それに長崎や博多など他の地域に関しては、まだまだ書かれるべきことがあるのではないでしょうか。

鎖国をどう評価するか

そして幕府の外交政策の要はもちろん鎖国です。ご存知のようにこの「鎖国」という言葉は幕末から明治初年にかけて広まり、以来、開国と対をなして使われています。そして開国は善、鎖国は悪というニュアンスがあります。しかし、この二分法の図式はもう捨てた方がいい。鎖国を徳川幕府の外交政策として客観的に評価することを考えるべきです。海外とは最小限の交流しかしないというのも、それなりにれっきとした外交政策ですから。そして従来の、鎖国の政治的経済的効果を重視する視点は疑われるべきです。たとえば、鎖国は貿易の管理で幕藩体制の安泰を図った経済政策だったというような説です。鎖国はあくまで幕府の外交政策であって、長崎の出島での管理貿易は、それから派生した帰結にすぎません。そして鎖国は視野が狭く進取の気性にかける幕府が日本を引きこもらせた政策などではありません。それは幕府が、十六世紀以来のヨーロッパ人の海洋支配と国際商業、それに伴う植民地主義の脅威を的確に認識して講じた対抗策、防衛策でした。幕府はまた、キリスト教が植民地主義の先兵となる危険も正しく認識していました。

当時カトリック教会は、プロテスタンティズムによってヨーロッパで失った権勢を立て直すために海外進出を図っており、ローマ教皇はスペインとポルトガルの後押しをしていました。幕府はこのこともちゃんと知っていたようです。宣教師や外国商人からの限られた情報しかなかったのに、世界情勢をめぐる幕府の認識は実に正確なものでした。これには、戦国時代に養われた外交と軍略のセンスがものをいったのかもしれません。幕府は十七世紀の時点で、すでにグローバリズムの脅威を直感的に感知していたと言えそうです。だから鎖国は、島原の乱のショックで固まった政策などではありません。明治維新は欧米の植民地主義の脅威に対処するためのものだったという人たちがいます。後で話しますが、これはまったくの間違いです。そして植民地主義の脅威というなら、十七世紀の徳川幕府こそが、それに対処するための適切で効果的な政策を確立したのです。

第二に、鎖国の評価で重要なことは、当時の日本には鎖国しても経済がその後も発展し続けるような蓄積と実力があったことです。江戸時代をとおして、鎖国はむしろ内国経済の発展の条件になりました。この時期に全国の商業のネットワークが整備拡充されて地域経済が発展、今に伝わる各地の特産品が生まれました。ですから日本の鎖国は、経済停滞の原因となった明や李氏朝鮮の海禁政策と同じものではありません。

幕藩体制下の日本は、ウエストファリア条約後のヨーロッパに似た複数国家並立体制といえます。そして複数の国家は菱垣廻船のような沿岸海運によって結びついていました。つまり鎖国した日本は、ミニチュア版の国際社会だったのです。天下泰平の江戸時代に、日本の経済、社会、文化は飛躍的な発展を遂げました。鎖国は、分権と多様性を特徴とする日本の社会には、むしろプラスの効果を持つことになりました。ですから鎖国は、対外的にも対国内的にも賢明なうえに成功した政策だったと言えるでしょう。しかも鎖国は外交政策であった以上、幕府は外国に無関心どころか世界情勢をめぐる情報をしっかり収集していました。

ただ鎖国によって軍事技術と医学でヨーロッパに遅れをとったことは事実です。しかし江戸時代の日本は、開国後にそうした遅れを短期間で取り戻せるような近代化の素地を作り上げていました。日本が開国後あれよあれよという間に植民地化されるどころか、欧米列強の覇権を脅かすような国になったのは、その是非は別として、基本的に徳川幕府の功績です。私がこのように徳川幕府の明敏さ、外交センスの良さを強調するのも、これは、国際情勢や地政学に無知なまま朝鮮半島に手を出して日本帝国破滅の種を播いた明治政府の愚かさとは対照的だからです。

「生類憐れみの令」の持つ意味

もう一つ、将軍綱吉の「生類憐れみの令」ですが、最近は歴史学者の間で「生類憐れみの令」についての評価が変わってきているそうです。これまでは将軍徳川綱吉は頭のおかしい犬公方という評価だったのですが、最近はエコロジーの視点で再評価されている。それは当然だと思いました。綱吉の「生類憐れみの令」には、熱心な仏教徒だった母親の影響もあるようですが、政策的にもよく分かるものです。綱吉の代になって、戦国時代の殺伐な気風を一掃しようとしたのです。天下泰平の世から暴力的な要素をなくそうとした。お犬様騒ぎにしても、江戸に多かった野犬に対する公衆衛生政策という面があったらしい。さらに犬だけではなくて、老人とか孤児とか弱者を保護した、日本で最初に福祉政策をやった政治家が綱吉です。日本人が犬、猫をペットとして飼うようになったのもこの「生類憐れみの令」がきっかけだそうです。こうした点でも「生類憐れみの令」は、いろいろ行きすぎの点もあったにせよ、画期的な法律としてもっと重視されていい。たんに江戸時代は治安がよかったというだけなら、江戸時代の日本は警察じみた国家だったということにすぎない。しかし「生類憐れみの令」が、その後の江戸時代の文化と社会の内実を生み出した面があるのではないか。エトス、気風をですね。これ以後、生命尊重の精神が社会全般に広まっていったのではあるまいか。

私がそう考える理由は、幕末の日本に来たある外国人の手記を読んで当時の日本の気風に強い印象を受けたことがあるからです。ある攘夷派の侍が外国人に斬りつけた罪で公開処刑されることになった。その刑の執行を観にいった手記です。その外国人は刑死に臨んだその侍を「立派な見上げた人物だ」と称賛しているのです。その侍が斬られる前に麻薬を服して感覚を失うことを毅然と拒否したことに感銘している。これで私は、当時の刑吏は斬る前に罪人に麻薬を服させ感覚が麻痺したのを見届けてから斬っていたことを知りました。江戸時代の日本には、死刑囚にさえ苦痛を与えないという配慮があったわけですね。こういう気風は「生類憐れみの令」が育んだものではないかと思います。もっとも綱吉には些細なことで家来に切腹を命じる苛《か》斂《れん》誅《ちゅう》求《きゅう》の君主という面もあったことも事実ですが。

第9章　日本史を再考するⅡ（明治から現代）

——近代日本の権力構造

開国と維新についての誤解

そこで開国と明治維新に話を移したいと思いますが、この開国と維新について大半の日本人は根本的に間違ったことを未だに信じていますす。明治政府による洗脳が解けていないのです。まず、第一に開国があったから維新が起きたというように、開国と維新に因果関係があったかのように思いこんでいる。実際は、開国による日本の一時的混乱に「これ幸い」と付け込んで薩長が武力クーデターをやっただけです。薩長は、外様の雄藩として関ヶ原以来の幕府に対する積年の恨みを晴らしたかっただけです。大義など何もなかった。当初は倒幕の大義として尊皇攘夷を掲げたけれども、状況次第でくるっと変わって英国と手を結んだりした。徳川に代わって天下をとることしか頭になかった。

第二に、幕府は因循姑息な守旧派で薩長は近代化を目指す革新派だったみたいに思われている。これは間違いというより、事実とは正反対です。薩長は関ヶ原のお礼まいりといった発想しかできない固陋な田舎侍の藩で、本州や九州の辺境にあったせいもあり、江戸、京都、大坂のような都市の開明的な文化も及んでいなかった。開明的革新的だったのは徳川幕府で、武家の古い思想で凝り固まっていたのが薩長です。当時の日本でもっとも西洋の事情に通じ開明派を代表していた福沢諭吉が一貫して幕臣だったことを忘れてはなりません。

また第三に、これは司馬遼太郎あたりが広めたのでしょうが、維新は欧米の植民地主義の脅威に対抗するためのものだったという議論があります。これはまったくのこじつけです。当の薩長や明治政府の高官もそんなことは言っていません。戦前の天皇制国家主義者もそんなことは言っていない。皇国は欧米列強に植民地化される恐れがあるような弱っちい国ではないからです。また当時、欧米列強が日本の植民地化を計画していたという証拠はどこにもありません。もちろん、近代はヨーロッパ人による海外進出と植民地主義の時代です。そして先に述べましたように、十七世紀にこの脅威を察知し適切な対抗策を講じたのは徳川幕府です。

そして幕府は幕末の黒船来航に際しても、外交手腕を発揮しました。幕府はアメリカとは一応、日米和親条約ついで修好通商条約を結びましたが、実際にはアメリカ船への水食糧燃料の補給と出島型の管理貿易を認めただけで、体のいい門前払いでした。幕府は江戸湾に進入し大砲を撃つといったアメリカの無礼を許しませんでした。日本が本当に開国したのはロシアとの国交によってでしょう。ロシアはアメリカと異なり、長年長崎に滞在し日本の事情をよく知る医師シーボルトを助言者に、日本の国禁を守って長崎に入港するなど礼節をもって接触してきたので、幕府も胸襟を開いたということのようです。そして日露が結んだ通好条約の内容は対等平等なものでした。

アメリカの黒船はたった四隻でした。しかし当時の日本では、各地の米を大坂の市場に運ぶ沿岸海運が経済の大動脈になっていました。黒船はそれに対する脅威でした。海軍を持っていないことが、日本の弱みでした。だからかたちだけ開国して諸外国を適当にあしらいながら海軍の創設など軍事力の近代化と内政改革を進めて、日本を開国に耐えられる体質を持つ国にする。これが当時の幕府の戦略だったと思われます。この幕府の戦略の足を引っ張ったのが、薩長による内戦の脅威でした。そして薩長が英国と提携したので、対抗上、幕府もフランスに援助を求めた。植民地化の脅威に対処どころか、薩長の暴走のせいで倒幕佐幕の内戦には、英仏の代理戦争になる危険もあったのです。そして薩長がクーデターの口実にした天皇の討幕の密勅なるものが薩摩や岩倉具視が偽造したものであることは、日本史の常識です。また幕府と朝廷の協調を重視していた孝明天皇の急な病死についても毒殺の疑いが消えていません。このように明治維新なるものは、日本史上、唯一のスキャンダルでした。

「明治維新」とは薩長のクーデター

しかし今学校で教えられている歴史では、開国と維新に因果関係などないのに、開国から維新にすぐ話が飛ぶわけです。開国後に幕府が何をやったかが全然話題にされていません。だが、これはきわめて重要なことです。幕府は欧米列強の圧力に対抗するためには近代化が必要なことをはっきり認識して軍事力と産業の近代化に着手し、福沢諭吉の抜擢にみられるような、そのための人材の養成を急ぎました。それだけではない。幕府は力による統治の時代が終わり、言論による統治の時代が始まったことを悟っていました。ですから開国後の幕府の政策を、ゴルバチョフの言葉を借りてグラスノスチとペレストロイカの政策と呼べると思うのです。

グラスノスチということでは、幕府は「公議輿論」という言葉を使い始めました。これは当初は、幕府と諸藩主が合議で統治することを意味していましたが、より広く世論を意味するようになる可能性を秘めていました。幕府が開国をめぐって一般人の助言を求めたことがその例です。ペリーは一八五三年に開国の要求を日本に突き付けた後「一年後に返事をもらいにくる」といって浦賀を去りました。幕府はその後で「外国の要求に日本はどう対処したらいいか、身分は問わないから上申書を出すように」というお触れを出し、これには浅草の遊郭の経営者まで上申書を出しています。ついでに言うと、明治天皇の五箇条のご誓文の「万機公論に決すべし」は、この幕府の公議輿論のパクリです。しかも天皇はこれを祖先の霊に誓っているので、公論は無意味になっています。薩長がやりそうなことです。

また身分を問わず、勝海舟でも福沢諭吉でも新選組の隊士でも実力本位で人材を抜擢することは、体制のペレストロイカでした。そして幕末の情勢は、公武合体、天皇、公家、武家の合議政体を作る方向で動いていました。また幕府の中には、幕藩体制の近代化ということで、ドイツの連邦制を研究する動きもあったようです。さらに将軍徳川慶喜は薩長の機先を制するかたちで天皇に大政を奉還しました。しかしこの情勢は薩長のクーデターでひっくり返ってしまった。

ではなぜ薩長がそれほど強力だったのかということですが、当時の殆どの藩が財政危機という中で薩長は例外でした。薩摩藩の場合は、奄美、沖縄を植民地化して砂糖を生産させていたので例外的に財力があった。英国のカリブ海植民地のミニ版です。長州藩も明の時代から朝鮮、中国と密貿易をやっていて、財力があった。薩長は例外的に財力があった。鎖国は幕府が貿易の厳しい制限によって幕藩体制の安泰を図ったものという説があるわけですが、もしそうなら幕府が薩長の政策を放置していたことは不可解です。そのうえ薩長は、下関戦争と薩英戦争で外国艦隊と交戦して欧米列強の強さを思い知り、藩の軍事力の近代化を急いだ。幕府軍も装備だけは近代化していたようですが、訓練方式とかはどうだったのか。鳥羽伏見の戦いをみても、かなり寄せ集め、烏合の衆だったようです。近代日本の軍国主義の原点は、薩英戦争と下関戦争です。侍の伝統には関係ありません。侍の伝統を代表していたのは、薩長から京都を守ろうとした会津藩でした。

日本の近代は東京遷都に始まる

鳥羽伏見の戦い、江戸城開城と幕府の消滅の後、薩長は首都を京都から江戸改め東京に強引に遷都します。これは天皇の遷都の詔勅もなく皇室を拉致するかたちで行われた、日本の伝統を蹂躙する行為でした。しかも京都市民を、これは遷都ではなく天皇の一時的な東京への行幸啓だと騙して行われたものでした。私の見方では、この遷都の狙いは主に軍事的なものです。なお戊辰戦争で佐幕の東北北陸諸藩との戦闘が控えていた薩長には、東日本一帯に睨みをきかす必要がありました。当初の京都から大阪に遷都という案が潰れたのも、そのためでしょう。だが日本経済の大黒柱だった大阪に遷都しなかったことには、軍事以外にも理由があるかもしれません。思うに、大阪に遷都した場合には、薩長の田舎侍が関西の豊かな文化、関西人の教養に圧倒されることが目に見えていたからではないでしょうか。その点、江戸は幕府の消滅で人口も激減して一旦死んだ後に東京と改名され、フィクションとしてでっちあげられた都市です。歴史のない東京なら田舎侍でもエリートぶることができました。

この強引な東京遷都と共に私の言う「東京時代」が始まる。そうすると、京都御所から江戸城改め皇居に移された皇室は、実態は薩長の操り人形でも、建前ではプロイセンのカイザーのような天皇にされる。さらに薩長は、神仏分離令で日本の伝統を蹂躙して仏教を排撃する一方で、神道を国家神道に作り変える。これも東京という歴史も伝統もない都市を首都にしたから可能だったことでしょう。その意味で、日本の近代は東京遷都に始まるのだと思います。

ただ、それにしても天下取りしか頭にない田舎侍が維新後にまがいものでも近代国家らしきものを作れたのはなぜでしょうか。この点については、薩長は幕府側の逸材の構想を入手してパクった可能性があるのです。その逸材として私が名をあげたいのは、山本覚馬という人です。この人はＮＨＫ大河ドラマの「八重の桜」の主人公八重の兄だった人です。薩長にも聞こえた幕府きっての逸材でした。彼は代々会津藩の砲術指南をしていた家の出で、蛤御門の変での負傷をきっかけに不幸にも失明したのですが、鳥羽伏見の戦いで薩摩藩の捕虜になり京都で幽閉されました。薩摩も逸材と知っていたので大事にしたようです。そこで彼は会津藩主への建白書として、「管見」という一文を書き、それを薩長側も読んだ。山本は西洋思想の影響を受けてはいないのに、その中で幕藩体制を二院制の議会制国家にする構想を明確に書いているのです。これをみても、幕府側に政体の近代化を推進できる人材は欠けていなかったことが分かります。

薩長がクーデターと内戦の後なんとかやっていけたのも、すでに幕府が制度から人材まで近代化を軌道に乗せていたからです。明治政府は一八七一年（明治四年）に欧米に岩倉使節団を派遣して岩倉具視らが西洋の実情を視察しますが、彼らの付き人で行った人たち、縁の下の力持ちは、ほとんど旧幕臣です。明治維新直後の近代化は全部、幕府がレールを敷いたものを田舎侍が乗っ取っただけですよ。旧幕臣の協力なしには明治政府など成立しなかった。幕府が近代化の足を引っ張ったどころか、逆なわけです。

神話化された明治維新

開国の時点で開明的革新的だったのは幕府の方で、藩中心の古い思想に凝り固まっていたのが薩長でした。幕府は国防や産業の近代化に着手しただけではなく体制改革の必要も理解していました。ところがこの国では未だに、維新は因循姑息な旧体制を革新派が打倒した一種の革命だったなどという妄説が広くまかり通っています。この妄説は、江戸時代は武士が庶民を虐げた暗黒時代という明治政府のプロパガンダが「封建制から近代へ」というマルクス主義のドグマによって正当化されたものです。維新は、偽造された天皇の詔勅を口実にしたクーデターというだけでも犯罪ですが、そのうえ討幕派は暗殺もかなりやっています。これに対し幕府側は、暗殺は一切やっていません。新選組は京都を警備するエリート警察でテロ組織ではありません。

維新は紛れもないクーデターで、これには異論の余地はないはずです。だがそれを認めたうえで維新に対する私の否定的な評価に反論する見解もあろうかと思います。それは、維新を必要悪だったとするものです。フランスが封建遺制を一掃して近代国家になるためには、結局ナポレオンの軍事独裁が必要だった。ナポレオンは必要悪だった。同じように日本でも、身分制の廃止や廃藩置県をやるためには、薩長藩閥政権の強権が必要だった。その意味で維新は必要悪だった、とするものです。こういう見解に対しては、私は四つの点で反論したいと思います。

まず、第一に維新と十月革命と称するロシアのボルシェヴィキのクーデターには、一つ似た点があることを指摘したいと思います。お話ししたように、レーニンらの武力クーデターは「ヨーロッパは革命の前夜にあり、後進国ロシアの革命はその導火線になる」というドグマに基づいて決行されました。ところがボルシェヴィキが権力を奪取してもヨーロッパで革命など起きなかった。しかし権力を奪取してしまった以上、今さら引っ込みがつかない。そこでこれ以後、思想的根拠がなくなった権力をいかに維持し正当化するかが一党独裁政権の課題になります。スターリンによる国家的テロを伴ったソ連の工業化も、共産党の権力を維持し正当化するための政治的なものでした。ボルシェヴィズムの思想的破綻から生じたこの権力政治は、ソ連の国家体制を歪んだ脆弱なものにし、それが七〇年後のあっけない崩壊につながりました。

一方、薩長はクーデターの大義名分として王政復古を掲げました。しかし十九世紀の世界に古代祭祀国家を復活させるという時代錯誤な試みは早々に破綻し、それに代わる近代天皇制の構築は容易ではなく明治時代いっぱいかかりました。妄想に基づいてクーデターを強行し、権力を奪取した後で引っ込みがつかなくなってしまったという点では、薩長はボルシェヴィキに似ているのです。そしてこの事情が、近代日本国家にソ連と似たような歪みと脆弱さをもたらしました。日本の近代化工日本は、エリートの内輪の利益を保全するために運営される国家になりました。

業化は、基本的にこの権力政治の副産物でした。ですから近代日本の政治はエリートのご都合主義に左右され、行き当たりばったりで原則も長期的な視野や戦略もありません。クーデターと思想的空白が生み出した近代日本国家の特殊な体質を、近代化のための必要悪とすることは不可能です。

第二に、維新の評価は、日本の現在をどう評価するかという問題です。維新を必要悪とする立場は、日本の未来は明治以来の近代日本の延長線上にしかないとする立場です。私は、今の日本のあらゆる面での行き詰まりと混迷は近代日本国家の歪んだ体質の必然的な帰結とする立場です。その一つがたとえば東京一極集中と地方の衰退です。これはたんなる歴史の解釈の問題ではありません。また私は、幕府の公武合体路線がそのまま円滑に進行していたら幕藩体制は近代的な連邦制に変わっていったはずだ、などと主張しているわけではありません。仮定の話をしてもしょうがない。ただ人は道に迷ったら一旦引き返して、どこの分岐点で道を間違えたのか確かめようとするでしょう。そういう意味で、われわれは歴史の時点を幕末にリセットして日本の歴史をいろいろ再考する必要があると私は言いたいのです。

第三に、これはすでに何度も言いましたが、明治政府は寺や神社を攻撃し、皇室を近代天皇制に、神道を国家神道に作り変え、それが日本の伝統であるかのように見せかけました。そのために近代の日本人は自国の歴史と伝統をどう考えたらいいのか分からない国民になってしまいました。こういう歴史と伝統の毀損や偽造を必要悪と言えるはずがありません。

第四に、日本の歴史は、神仏習合に見られるように、古いものに新しいものが追加や補足として重なってきた歴史です。歴史の古層は恒に残存して新旧交代で滅び去ることがなく、むしろ新しいものと共存することによって豊かな意味を持つことになりました。ですから日本の近代化も、和魂洋才で、江戸時代の成果に西洋文明の使える部分を追加し補足するというかたちで進展すべきでした。その点で、明治政府の上からの強権による近代化は、日本の伝統から逸脱していました。それは、新しいものが古いものを進歩、革命、改革などの名で一掃する、ヨーロッパや中国にみられる歴史のパターンでした。

新政反対一揆

薩長藩閥政府が「御一新」などと言っても、民衆の目には維新は相も変わらぬ武家の天下取りだったことは明らかだったと思います。そして岩倉使節団が欧米の視察から戻ってくると、政府による強引な上からの近代化西洋化が始まりましたが、民衆はこれに激しく抵抗しました。民衆に向けて最初に出てきたのが地租改正や学制で、年貢は、今後は現金で納めろ、子供を自腹で小学校に入れろというものでした。そこで明治初年に西日本一帯で新政反対一揆が吹き荒れました。これは学校や役所を焼き討ちするなど民衆の怒りが爆発したもので、日本史上最大の民衆暴動でした。暴動の原因は経済というか、明治政府に経済政策などなかったことにあると思います。この政府には財源がなかった。だから民衆に学制や市町村制を押し付けたうえ、その費用も民衆に負担させた。これでは民衆がキレるのも当然です。しかしこの暴動はこれまでろくに研究されてきませんでした。おそらくこれは、民衆の抗議の対象に学制や地租改正と並んで部落民を新平民とすることが含まれていたので、左翼の歴史家が敬遠したからでしょう。その代わりに左翼の歴史家は、線香花火のような秩父事件をもちあげてきたわけです。

しかしこれは因襲にとらわれた人びとの偏見の表れだったのか。当時の民衆が部落解放令に反対した理由を詳細に調べてみる必要がありますね。明治政府自身がヨーロッパのまねをして部落解放令をだすけれども、一方では血統主義の天皇制国家を作りだしているのですから、矛盾しているわけです。私としては、これは学制や地租改正に対する抗議と同じく経済的な問題だった可能性があると思います。部落民に職業の自由が認められると従来の地域の分業体制が壊れる。だが明治政府はそういう問題に何ら対処しないまま上からの近代化を強行する。一揆は、そういう強権政治に対して民衆の純粋な怒りが噴出したものではなかったか。新政反対一揆については、頭の古い人びとの近代化に対する抵抗などとしないで、改めて研究する必要があります。明治以降のことですから各地の市政資料、県史資料が沢山あるはずで調べれば分かるはずです。

ところで岩倉使節団の話をしましたが、彼らが欧米諸国の視察に行った目的の一つは、欧米の中のどの国を日本の国作りのモデルにしたらいいかを調べることでした。そこでビスマルクなどに会っているわけですね。その中で彼らが会った一人に、有名な医学者のメチニコフの兄、レフ・メチニコフというナロードニキの革命家だった人物がいます。彼らがパリで会った際に、メチニコフは日本という国の特徴は地域の多様性にあるとして、その点で日本はスイス連邦をモデルにしたらいいと助言しています。地理学の視点からすると日本はスイスに似た国である。これは興味深い指摘です。その後、メチニコフは日本に招待されて、東京外国語学校のロシア語教師になっています。

しかし明治初年には明治国家の体制に暴動で抵抗した民衆は、そのうち国家に忠誠を誓う臣民に変わっていきました。日露戦争の勝利を提灯行列で祝う民衆になった。この民衆心理の変化が、近代日本の社会史における最大の問題だと思います。この変化の原因についてははっきりしたことは言えません。ただ産業革命の恩恵は大きなものだったのではないか。天皇主権の明治国家は民衆の福祉には無関心でしたが、それでも産業革命の恩恵は、伝染病や風土病に対する医学の進歩などで社会に広く行き渡ったはずです。官僚制国家による上からの近代化であっても、そういう恩恵をもたらすならば国家の権威は承認され支持される。近代化は幕府が始めたことは忘れられる。日本帝国の国威発揚などより、こういう生活上の恩恵が民衆心理を変えていったのではないでしょうか。

近代日本と国際政治

日本は開国と同時に初めて近代的な外交に乗り出すわけです。現代の意味での外交が始まったのはルネサンス時代のイタリアでした。外国に大使館を設置するといったかたちの外交ですね。ルネサンス時代は、政敵の毒殺が流行ったので大使は危ないから料理人を連れていった、その名残で今でも大使館にはシェフがいます。このルネサンス期のマキアベリの著作が史上最初の外交論です。自身フィレンツェの外交官でもあったマキアベリは、史上初めて外交と内政をはっきり区別した思想家でした。内政においては、物事の善悪についての民衆の世論を無視しては長期的に安定した政権は成立しない。マキアベリは共和主義者でしたから、民衆の心理が統治に及ぼす影響を正確に認識していました。だが外交と内政では次元が異なる。外国とはコミュニケーションの共同体を形成しているわけではない。外交では、実利的な国益のためのプラスかマイナスかだけが問題で、善悪という基準は適用されない。だからマキアベリの『君主論』も君主による国政の良し悪しを論じた本ではない。イタリアが今のように小さな都市国家に分裂したままでいると、そのうちフランスやスペインに成立している大君主国に征服されてしまう恐れがある。だから、イタリアもスペイン、フランスに倣って格好だけでも君主国にならなければこの脅威に対抗できない。イタリア統一のためには君主がキリスト教会の教えに反するような権謀術数や世論操作を使うことも許される。君主は聖人君子ではなく戦う愛国者でなければならない。その意味では『君主論』は外交論の書なのです。ではこのマキアベリズムは何によって正当化されるのか。マキアベリによるとその理由は、文明国イタリアがフランス、スペイン、ドイツの野蛮人によって蹂躙されてはならないからでした。彼は誇り高い地中海人でした。

では明治政府は、マキアベリのように明確に内政と外交を区別していたでしょうか。近代日本の外交は明治元年、維新が始まったばかりでクーデターと内戦の帰趨がどうなるか分からない段階で始まりました。この年、薩長政権は「日本は王政復古で体制が変わりましたから宜しく」という国書を李氏朝鮮に持って行くわけです。だがその国書をみた朝鮮側は、中国の皇帝しか使えない「皇」という字を使っているので受け取りを拒否した。冊封体制で清に従属していた李氏朝鮮としては、そんなものを受け取ったら皇帝に対する反逆になるから受け取るわけにはいかない。

だがこれでは明治政府は面子まる潰れなわけで、王政復古を掲げた政権は出だしで危機にみまわれた。それで朝鮮を日本の意に従わせるべきだという征韓論が出てくる。国書の件はたんなる外交儀礼上のトラブルではなく、内政の危機を意味していたのです。

薩長政権の朝鮮半島への介入

この時点ではクーデターの決着はついていないし、佐幕の東北北陸の諸藩との戊辰戦争が控えていた。その中で、この国書の件は幕府側に格好の攻撃材料を与えかねない。また国内世論にも悪影響を及ぼす恐れがある。クーデター政権はその出だしで、政治学のいう正統性の危機に直面したわけです。これは日本帝国が朝鮮と大陸に手を出すきっかけになりました。内政の危機が外交に転化したのです。そこで政権はペリーの黒船が日本にやったことをそっくり真似て江華島事件を起こす。とにかく正統性の危機をもみ消すためには朝鮮を日本の意に従う国にする必要があった。だが清もその頃には華夷秩序を近代的な勢力圏に作り変える必要を認識していたので、日本と清の利害は朝鮮半島でぶつかることになり、それは日清戦争にいきつく。

開国後の朝鮮は日本、中国、ロシアの狭間に位置する弱小国になり、周囲のどの大国につくかで激しい派閥争いが絶えない。それで清派と日本派で争い、日本は朝鮮を清から引き離そうとして、それが日清戦争につながっていく。日清戦争で日本が勝ったことで問題は落着したでしょうか。このあたりの経緯にはいろいろな解釈があるでしょうが、私には、日本は朝鮮の不安定な政情にさらに深く巻き込まれたように見えます。国書の件をきっかけに朝鮮半島に手を出した日本は、ずるずると大陸の泥沼にはまりこんでいった。日露戦争における勝利も、朝鮮における日本の地位を安定させるものではなかった。

日本とロシア帝国は大陸で利権を争っていましたが、こういう争いは取引や妥協も可能なものです。しかも当時ロシアの外交を取り仕切っていたセルゲイ・ウイッテ伯は、ロシアは手を広げすぎたと考え戦線を縮小しようとしていました。ロシアが戦争も辞さないほど朝鮮に執着していたとは思えません。やはり問題は、朝鮮内部で親日派と親露派が争っていたことにあったのではないか。しかもこの争いは日本が日露戦争に勝利した後でむしろ激化し、結局朝鮮をまず保護国にした日本は、最後は日韓併合をやらざるをえなくなった。内政上の危機から朝鮮に手を出して以後の日本の大陸との関わりは、長期的な戦略などない、すべて成り行き任せ、行き当たりばったりのものだったのではないでしょうか。クーデター政権の正統性の欠如がその発端にあるのです。

愚かな外交の結末

維新の当時、薩長には大陸進出の計画などなかったことは間違いありません。長州には一部で鬱陵島領有の考えもあったようですが、結局台湾や朝鮮の領有は行きがかりでした。台湾の場合は、英国による熱帯地域の植民地化に似た本物の植民地主義で、これは急増する人口への米の供給にも貢献したようです。だが朝鮮への介入はあくまで内政の危機が外交に転化し、それが抜き差しならなくなってしまったものです。そして朝鮮は日本帝国にとって落とし穴になりました。

朝鮮は帝政中国の事実上の属領でしかありえなかった国です。そういう国を日本はご都合主義でかたちだけ独立させ、その結果、朝鮮は内紛に明け暮れるきわめて不安定な国になってしまった。極東では日本、中国、ロシアが踵《きびす》を接し、それに米英が割り込んでくる。そういうきわどい構図のど真ん中に、朝鮮という戦略的に重要な位置にあるが政治的には極度に不安定な地域がある。こういう構図のせいで、朝鮮が要因となって、極東では力の均衡、バランス・オブ・パワーの成立が殆ど不可能になってしまった。これはある程度、ヨーロッパの列強がバルカン半島に関与したことが第一次世界大戦の導火線になったことに似ています。そして日清日露の戦争とそれ以後の日本と中国、ロシア、アメリカとの軋轢は、この力の均衡の実現が困難だったことで説明できるでしょう。

日本は日韓併合で朝鮮の内紛を抑え込みましたが、朝鮮半島における日本の地位は完全に安泰なものではなかった。半島は中国、ロシアと地続きだから両国の情勢が影響してくる。だから日本は、ロシアを封じ込めると共に清の崩壊後の混乱する中国を政治的に安定させる必要があるということになった、こうして日本は朝鮮の外堀を作る。一度作ると、さらにその外堀を作る。こうして満州国まで作ったが、さらにその外堀を作ろうとして大陸での終わりのない戦争行為にのめりこんだ。そして中国での戦争は通常の意味での戦争と呼べるようなものではありませんでした。当時の中国は匪賊土賊といった私兵集団が入り乱れ、国民党の政府軍も自国の良民に非行をはたらくなど、軍紀は匪賊の方がまだましといわれる有様だったようです。日本は中国がどんな土地か知らないで大陸に進出したのです。このように既成事実が積み重なると、外交上の自由な選択の余地がなくなっていく。それでどうしようもなくなって真珠湾攻撃に行き着いたのではないでしょうか。

ですから日本帝国の大陸進出は、まったく軍部主導のものでした。企業にとっての経済的意味など殆どなかったでしょう。費用対効果という点では、馬鹿げたことでした。大陸進出は、薩長が日本全土を征服し占領した戊辰戦争の延長線で起きたことでした。これにマルクス＝レーニン主義の帝国主義による植民地の抑圧搾取という図式を適用するのも馬鹿げたことです。薩長が朝鮮に介入した当時、日本は帝国主義どころか資本主義国でさえありませんでした。そして明治以降の日本の順調な近代化は江戸時代にその素地ができていたおかげで、大陸の富を収奪したせいではありません。しかも帝国のエリートは、国内の農村の貧しさを差し置いて朝鮮満州のインフラに惜しみなく投資しました。

この自国民の冷遇こそ日本帝国に関してもっとも非難されるべきことです。帝国のエリートには、日本を崩壊した清に代わる東アジアの中華にし、ソウルを大日本帝国の首都にするといった構想もあったようです。だがこれも、大陸で泥沼にはまったことを後から正当化するためのものだったとしか思えません。とにかく彼らには長期的な帝国主義の戦略などありませんでした。薩長の維新自体がギャンブルだったように、その後の日本帝国の対外政策は日清日露から日米戦争まで、みんなギャンブルでした。ギャンブルと暴走が、クーデターででっちあげられた国家の体質だったのです。

東京裁判はプロパガンダだった

日本のこうした大陸との出たとこ勝負の関わりは、太平洋戦争と敗戦に行き着くわけですね。戦後の日本の国家の定礎は東京裁判、ＧＨＱが書いた占領軍憲法、サンフランシスコ講和条約で、この三つを、さらに外枠として固めているのが日米安保条約だと思います。ところでこれは長年疑問に思っていたのですが、なぜ敗戦に際して、日本帝国の破局の原因を維新にまで遡る議論が出てこなかったのでしょうか。丸山真男流の「敗戦は第二の開国」みたいな話になってしまった。これは東京裁判のせいだと思うのです。もし戦勝国による東京裁判ではなくて、日本人による自主裁判で戦争責任が追及されていたならば、当然その議論は、統帥権の独立規定で軍部の暴走を許した明治憲法から明治政府へ、そこから維新にまで遡っただろうと思いますね。東京裁判のせいで日本人は日本の近代史を見直す好機を失ってしまった。

昨今東京裁判は盛んに批判されていますが、当時の敗戦直後の日本人は、ああこれで戦争なんか忘れられる、すべて軍部が悪かったことにして決着がついたと思ったのではないでしょうか。私自身、小中学生の時に周りの大人が東京裁判について議論しているのを聞いたことがなかった。今でこそ批判されていますが、庶民にとっては、東京裁判は戦争の原因について思いをめぐらすしんどい作業を省いてくれたのです。マスコミも一斉に身を翻して東京裁判を持ち上げるような態度をとって裁判を国民に受け入れさせた。

日本はこの東京裁判の判決を受け容れることを条件にアメリカなどと講和条約を締結し一応主

権を回復しました。もっともこの条約には米軍占領下の沖縄は含まれていなかったので、ネール首相のインドは条約に調印しませんでした。しかし昨今東京裁判を批判する声が高まっているのは当然だと思います。保守派は以前から東京裁判を勝者が敗者を裁いた報復のリンチ裁判と非難してきました。また法的には、遡及法による裁きや、日本の指導層の共同謀議という理論構成が問題にされてきました。

しかし私のみるところでは、一番の問題は東京裁判が裁判のみかけをとったアメリカのプロパガンダだったことだと思います。連合国は第二次世界大戦を「ファシズム対民主主義」というプロパガンダによって戦いました。そしてこの立場からニュルンベルクの国際軍事法廷でナチの幹部を裁いた。そして戦時中のプロパガンダの辻褄を合わせるためにドイツの同盟国だった日本に対しても東京裁判をやった。しかしそのためには、日本はファシズム国家だったことにしなければならない。これがおかしいのです。天皇制国家にどんな問題があったにせよ、天皇制国家主義はファシズムとは違います。だから東京裁判は純然たるプロパガンダでありショーだったのです。国際法上、違法な裁判です。だから国際法が専門だったインドのパル判事は被告全員を無罪とし、フランスやオランダの判事も法の専門家として疑義を呈しました。

今さら昔の話を蒸し返してもと思う人もいるかもしれません。しかし二つの点で日本人は東京裁判にこだわるべきです。第一に、戦争責任についてドイツはきちんと謝罪しているのに日本は無反省に居直っているという議論が今でも蔓延っています。これは日本がドイツの同盟国だったというだけで日独を同一視し、アメリカのプロパガンダを鵜呑みにして物事を考えることです。

その結果、日本は不当に非難されることになる。ドイツはホロコーストなどナチのいわゆる暴力犯罪には謝罪していますが、戦争をやったこと自体には謝罪などしていません。歴史上、戦争をやったことを謝罪した国はありません。ところが東京裁判のせいで日本だけが戦争をやったというだけで犯罪者扱いされる。この不条理は放置できません。第二に、東京とニュルンベルクの裁判は事実上、アメリカの覇権国宣言、力による「アメリカの平和」パックス・アメリカーナが成立したことを宣言するものでした。しかもアメリカはそれを正義の実現と言いくるめた。だが当時の日本人は敗戦ショックもあって、アメリカの裁判ショーを受け容れた。裁判に対する公然たる抵抗はありませんでした。戦争という原罪を犯した日本を正義の神のアメリカが悔い改めさせたというプロパガンダを多くの日本人が受け入れてしまった。今でも日本人はこのプロパガンダの後遺症を無意識に引き摺っていないか、自問する必要があります。

自虐史観の正体

昨今、自虐史観という言葉が広まっています。しかし一九五〇年代に小中学校生だった私の記憶でも、当時は日本人自身が自虐的でしたね。日本人自身が日本を貶《けな》していて「世界で一番対日感情が悪い国は日本だ」という冗談があったほどです。占領期にGHQが日本人に戦争に対する罪悪感を植え付けるような工作をしたことが日本人を自虐的にしたという議論もあるようです。しかしこの点では、やはり東京裁判の方がはるかに効果的だったのではないでしょうか。それに日本人はマゾヒストになったわけではない。自虐的になったのは、その見返りがあったからです。

敗戦国日本は日米安保条約でアメリカの保護国になり、おかげで世界中の市場と資源に自由にアクセスできるようになった。

ある意味では日米戦争というエネルギーと資源の確保を意図した工業戦争の目的は、皮肉にも敗戦によって達成された面がある。その結果、徴兵もない平和で繁栄する経済大国になれた。このかつてない平和と繁栄に比べれば「日本は悪うございました」と自虐することなどお安い御用でした。そういう意味で自虐史観の実体は「ソロバン史観」だと思います。ですから自虐史観に対する批判は、ソロバン史観に対する批判でもないとおかしい。自虐史観を擁護する人たちは、結局、アメリカの保護の下での戦後の平和と繁栄が恋しい人たちなのです。そして自虐史観が問題にされるようになってきた背景には、戦後日本のパトロンだった覇権国アメリカの衰退、パックス・アメリカーナの揺らぎがあります。自虐史観批判は、日本人がアメリカのプロパガンダから解放されてきた印で、評価すべきものです。また今の日本人が自虐から一転して威張りかえった夜郎自大史観に走るとも思えません。ただ今のところ自虐史観批判は、日本は東京裁判がでっちあげたような悪者ではないといった議論にとどまっているようです。その結果、維新や明治国家を美化する論者が多い。これでは欧米が人類の正義と進歩の国際基準を代表しているとする傲慢な欧米中心主義に対する批判としては不充分です。

高度経済成長の帰結

思うに戦後日本の歴史の分水嶺になったのは、やはり六〇年安保でした。ただこれは六〇年安保闘争が重要ということではなく、むしろこれは政治的にはナンセンスなものでした。一九五〇年代の日本は戦災からの復興に邁進し、そのかぎりで文化と社会には戦前の余韻が色濃く残っていました。ですから六〇年安保も、思想的には一九三〇年代のままで、保守の皇国史観と革新のマルクス＝レーニン主義の対立でした。そしてこの闘争の結果、どちらも挫折したのです。保守は皇国の復活はもうありえないことを悟り、革新は革命が幻想であることを思い知った。そこから戦前を完全に清算した本当の戦後日本が始まりました。この戦後は安保後の池田内閣の所得倍増計画と共に始まりました。この計画は、経済成長によって労働者を懐の暖かい消費者に変えていくというもので、これによって日本の資本主義は急速にアメリカナイズしていきました。アメリカ型資本主義の大前提は、安く豊富な石油です。

ですから安保は、それを機に日本経済のエネルギー源が石炭から石油に変わったという意味で、戦後日本の分水嶺だったのです。その意味で、安保の前夜の三井三池炭鉱の大争議は、石炭を原動力とする日本の産業革命の時代が終わったことを告げるエピローグでした。だが当時、安保のこうした意味に気付いた人はいませんでした。だから日本人は時代の変化をどう理解したらいいのか分からなくなってしまった。日本人は明治以来の石炭に基づく産業革命は何とか理解でき、それで知識人や学生の間ではマルクス主義が流行しました。だが石油に基づくアメリカ型消費資本主義にはどう対処すべきか分からなかった。日本の自動車産業がその本場のアメリカを脅かすほどになっても、そうでした。

たとえば、こういう時代錯誤を代表していたのが戦後の左翼です。戦争直後には左翼は、ソ連が大戦に勝ち中国では毛沢東の政権ができたので、いよいよ革命の時代が来たと勢いづいていた。ところが時代が進むと共に共産圏の危機が深まる一方、日本は大衆が窮乏化するどころか繁栄を謳歌する国になっていく。左翼のドグマは歴史によって完全に反証されてしまった。そこで左翼は生き延びるために国民の戦争アレルギーにつけこみ、反戦平和を売り物にすることにした。もう総力戦などありえないのにです。丸山真男など戦後思想家といわれた人びとにも同じことが言えます。彼らは、結局、大正デモクラシーの中で育って昭和の軍国主義と戦争の狂気にショックを受けた戦中派なのです。だから彼らは六〇年代高度経済成長期以降の消費社会に対しては何一つまともな発言ができませんでした。この消費社会には七〇年代に入ると公害、環境破壊のかたちでツケが回ってきました。その点で、水俣や四日市の四大公害訴訟は、戦後日本のもう一つの分水嶺になりえたかもしれません。だが日本の政治文化は現実とはズレたままでした。日本人がアメリカ型消費資本主義を理解できなかったことが、福島原発の取り返しのつかない事故をもたらしたと言わざるをえません。

アメリカの保護国という時代は終わった

日本が目下直面している最大の問題は、アメリカの覇権が揺らぐ中で日本がその保護国として、かつてない平和と繁栄を謳歌した時代が完全に終わったことだと思います。しかも国民は概してこの事態にどう対処したらいいのか分からず、今なお平和と繁栄の時期への郷愁に支配されているように見えます。ここに現在の日本の深い危機があります。これは民族、ネーションとしての日本の危機です。この危機以前の時代に日本がネーションだったことはありませんでした。大日本帝国は多民族帝国でした。日本は敗戦で海外領土を失って初めて民族国家、ネーション＝ステイトになった。だが戦後日本はすぐに日米安保条約でアメリカの保護国になったため、この事実は長らく国民に意識されませんでした。アメリカの覇権の揺らぎで、日本人は初めて自分たちをネーションとして自覚するようになったと言えます。これは、いわゆる右傾化などではありません。

この状況の中で日本人が避けて通れないのは、近代日本のアメリカとの関わりをどう捉えるかという問題でしょう。開国の要求で日本を否応なく主権国家として国際秩序に組み込んだのはアメリカでした。当時すでにアメリカのエリートは合衆国を英国にとって替わる世界的大国にする構想を持っており、黒船の来航もその一環でした。爾来《じらい》、近代日本は終始アメリカ帝国の興隆という事態への適応を強いられてきたといえるでしょう。その挙句、日本は憲法までアメリカ製の国になってしまった。

しかしアメリカは移民が作った歴史のない人工国家で、独立宣言と合衆国憲法という文書によって成立している国です。古い歴史を持つ定住者の島国日本とは体質的に正反対の国です。また宗教戦争の危機から生まれ、経済的価値が宗教のようになっているウェーバー・テーゼの見本のような国です。日本人には基本的に歴史と国情が違いすぎて理解しにくい国です。そういう国を適応の基準にした戦後日本のアメリカナイズは無理やりの日本改造計画でした。そして日米関係は、金の切れ目が縁の切れ目の皮相なものにすぎない。ですからひとたびアメリカの覇権が揺らげば、日米関係は恩恵ではなく出費を意味するようになるので、日本のアメリカ離れが進むと思います。すでに今の日本では、欧米から輸入された近代的な進歩の理念は色褪せて久しい。これはまたピーク・オイルや温暖化による工業社会の破綻に伴うアメリカ的生活様式からの脱却を意味するでしょう。

現在、日本人は史上はじめて名実ともに民族、ネーションになろうとしている。だが民族になるためのマニュアルなどありません。民族であることの基準は人びとの心の中にあります。人びとはその固有の歴史と伝統に支えられて民族になる。そして初めに申し上げたように、日本は黒船から一世紀半をへて西洋の文物を消化したうえでの新たな国風文化が開花すべき時期を迎えているように思います。

日本の位置

では開国以来一世紀半の近代化をへた現在の日本の位置、世界の歴史のただ中でのその位置はどう考えたらいいのでしょうか。近代以前の社会を牧歌的な世界としてロマンチックに賛美することはできません。それは往々にして暴力や飢えや妄信が蔓延り、とりわけ医学と公衆衛生が未発達だったため軽い病気が耐えがたい苦痛と死に至る社会でした。ですから十九世紀の産業革命が民衆を宿年の困苦から解放し生活の在り方を飛躍的に改善したことは否定できません。産業革命は衣料など民衆の伝統的な需要を単純な機械による量産で効率よく充たしました。しかしこれと、二十世紀に二度の大戦とアメリカ的な石油に基づく消費資本主義がもたらした「過剰発展

（overdevelopment）」は区別する必要があります。この段階では、資本主義の隠れていた問題が表面化してきます。

今日ではこの問題が極限にまで深刻化しています。まず科学的知識の資本化は、資源と環境の危機によって人類の種としての存続を危うくしています。第二に、昔の暴君や征服者の暴力とは次元が異なる、貨幣の抽象的構造的な暴力があります。これはロビン・フッドやステンカ・ラージンが出てきて暴君を倒せば片付く問題ではありません。そして第三に、競争的個人主義につきまとう心因性精神疾患の問題です。資本主義は経済だけでなく、心的精神的な、メンタルな問題でもある。そして私は、現代世界で宗教が再び時代の焦点になってきている背景には、このメンタルの問題があると見ています。

一九七九年のイラン革命以来、世界は宗教の問題を無視できなくなっています。しかしこれは、昔の宗教がそのまま復活して人々が急に信心深くなったということではない。工業社会、啓蒙主義と産業革命は何ら文化の名に値するものを生みださなかった。新聞やテレビを文化と呼ぶなら別ですが。二十世紀の終わり近くになって世界各地の人々は、この事実に気付いたのです。その点では、一九七〇年代がローマクラブの報告「成長の限界」の公刊で始まり、イラン革命で終わったことは意味深長というしかありません。経済成長への信仰が揺らぐ中で、人々は生きることの意味を再び問い始めた。工業社会は伝統的価値を根こぎにしただけで、それに代わる価値を生みださなかった。このことを痛切に感じとった人々は改めて、近代化以前の各地の文化的風土的伝統に生の拠りどころを求めようとした。それが宗教の復活のように見えるのだと思います。

人間がその有限性と死という生の事実に対処し耐える流儀のことを「文化」と呼ぶならば、各国の文化と伝統は工業化以前の苛酷な風土の中で時間をかけて形成されたものです。そして伝統社会には残酷さや危険の要素がありましたが、昔の人びとは文化の力によって精神的にタフだったのです。それに比べて、近代人は脆くて傷つきやすい。そして精神的に空疎なので、政治宣伝やマスコミや広告産業に簡単に踊らされる「大衆」になる。このことを自覚した人びとは、文化の力によってタフだった昔の人びととのつながりを再発見しようとしました。だがこれはたんなる宗教ルネサンスではありません。宗教は啓蒙主義が批判したような幼稚な迷信や聖職者の詐術ではなく、伝統社会においては人びとを癒し教化する文化そのものだったことが理解されてきます。そして宗教についてこのように認識が深まった結果、逆に、宗教がもたらした弊害も意識されてくる。今日の欧米ではイスラム過激派の凶行や頑迷固陋なキリスト教原理主義に嫌気がさして、一神教の伝統に懐疑的ないし否定的な人たちがますます増えているようです。

こうした状況が、世界の中での日本の歴史的な位置を際立たせています。資本主義がはらむ問題がここまで深刻化したことが、日本の位置を比類なくユニークなものにしているのです。

まず第一に、日本人の健康と寿命の世界的にも高い水準は、紛れもなく近代化の成果です。他方で、戦前の軍事大国になった日本は最後には原爆に見舞われ、戦後の経済大国になった日本は原発事故に行き着きました。つまり日本は資本主義の功罪、そのプラスとマイナスの両極端を体験した稀有な国なのです。

第二に、日本は欧米の外に存在する唯一の成熟した資本主義国として独特の位置を占めています。そういう国だから、日本人はたとえば「成長の限界」といった議論を、賛否は別にして、理解できる。中国やいわゆる発展途上諸国の場合は、近代化は問答無用の至上命令で、そんな議論をする知的余裕などありません。今の世界にはもう先進国型の経済成長の余地はないのですが。他方、欧米では、資本主義はキリスト教の罪の文化と深く絡み合ってしまっています。だから欧米人が資本主義を超然と客観的に捉えることは容易ではありません。だが日本人は、資本主義を大局的見地から論じ相対化できる位置にいます。

第三に、日本は資本主義が純然たる軍事的外交的要因によって成立した点でも類のない特殊な国です。お話ししたように、徳川の日本にはすでに資本主義への適応を容易にする近代化の素地が出来上がっていました。しかしこの日本は資本主義には無縁なままでした。日本はキリスト教を受けつけず、大坂商人は植民地の収奪や奴隷貿易で財をなしたヨーロッパのブルジョアではありませんでした。日本の資本主義はあくまで欧米列強の軍事的外交的な圧力の産物で、十九世紀の帝国主義的な国際環境に適応するための戦略でした。そしてこれは、日本史の歴史的なパターンを繰り返したものでした。

日本は軍事的外交的な切迫した脅威がある場合にかぎって体制を一新し海外と関わってきたのです。古代に大陸から律令国家体制を導入したのも、隋唐の覇権下の東アジアの国際情勢に適応するためでした。十七世紀の徳川幕府の鎖国という外交政策も同じです。資本主義的近代化も、十九世紀には英国、二十世紀にはアメリカの覇権が支配した国際環境に適応するための戦略でした。その結果、日本はろくに工業資源がないのに大工業国になるという宿命的な矛盾をかかえることになったのですが。

先に日本は外づらと内づらがある国と言いましたが、その点では、日本の資本主義は外づら、国際環境に強いられた擬態なのです。おそらく日本人の生来の体質や資質には反する擬態です。ですから古代に遣唐使が廃止されたように、現代の日本人も「近代化はもう沢山だ、プラスよりマイナスの面が多くなった」と感じたら、資本主義からさっさと脱却するかもしれない。それに実は日本の近代化が順調だったのは、それが日本人の体質に順応した不徹底な、和風の資本主義だったからです。本場の純アメリカ風だったら日本人は撥ねつけていたでしょう。

そして海外にも少数ながら、日本の資本主義が外部から力で強制された根の浅いものであることに注目している人たちがいます。残念ながら日本ではあまり知られていませんが、たとえば文明批評家のモリス・バーマン（Morris Berman）やジェームズ・ハワード・カンストラー（James Howard Kunstler）は現代アメリカの知性を代表している存在と言えると思いますが、日本に高い関心を示しています。彼らはアメリカには絶望しきっている。アメリカは最近おかしくなったのではない。建国の時点で経済的物質的成功と繁栄という価値観、エゴがすべての競争的個人主義の倫理しかなかった。だから成功と繁栄の条件がピークオイルなどで消滅すれば、人びとが食い殺し合う暗黒時代に陥る。だが日本人は昔から限られた資源を利用し協力し合って生きる術を学んできた。そして資本主義が行き詰まっても、日本人には立ち返るべき悠久の遺産と伝統がある。労働の成果ではなく過程を重視し、労働を自己修養の作業とみなす職人の伝統がある。事象の儚さ、移ろいやすさに美を見出す感性、生と共に死を受け容れ、腐朽や壊廃も宇宙と生命の変遷の一様相として愛でるわび、さびの美学がある。

そしてバーマンとカンストラーは共に、日本はいずれその伝統に戻り、世界に先駆けてポスト資本主義の社会を実現して人類の模範になるだろうと予想しています。日本の門戸を強引にこじ開けたのは黒船のペリーでした。ペリーは日本を半開国とみなし、日本人を驚かせようと幕府の役人たちの前で模型の蒸気機関車を動かしてみせました。だがその後まもなく同じアメリカから来たラフカディオ・ハーンは、日本の繊細で優雅な文明を西洋の野蛮さと比較しました。そして現代アメリカの知性がハーンに似たことを言っていることには、歴史の皮肉を感じないわけにはいきません。

これは自国に絶望したアメリカ知識人の過剰な思い入れなのかもしれません。そして日本の現状では閉塞と混乱、日本がアメリカナイズした高度成長期への郷愁ばかりが目につきます。とりわけ若い世代には高度成長期の恩恵はなく、そのツケだけがごっそり回っています。だから今の日本について楽天的なことは言えません。だが若い世代は打ちのめされているわけではない。進歩史観とも皇国史観とも縁が切れた彼らは、歴史を考えるのではなく感じようとしています。そして彼らの感性の次元で、日本の文化的伝統は確実に再生してきています。この伝統は、工業社会の便利さや安楽を失った社会での生活の厳しさに人びとが耐えることを容易にし、それを楽しむことさえ可能にするでしょう。古代以来、日本は常にきわめてユニークな国でした。しかしユニークさの意味は、時代の環境に応じて変遷します。おそらく若い世代は、その生き方をつうじて日本のユニークさの意味を歴史的に再定義し、それによって日本だけでなく世界にも貢献することになるでしょう。

第10章　歴史の証人としての知識人

理解できなかった連合赤軍事件

私は戦時中にサイパン島陥落の少し前に生まれ、戦後を生きてきました。われわれの世代というものを今にして考えてみると、物質的には日本史上もっとも幸福な世代であったのではないか、経済は右肩上がりで、就職難もなく、徴兵の心配もなく、今の若い世代から見ると夢のような話です。しかしこの世代は、日本史上かつてない繁栄と安楽を経験しながら、一方では、かつてない思想の混乱を経験した世代でもある。思想の基準を一体どこに求めたらいいのかということで、たいへん苦しんだと思うのですね。戦前の世代は、その点でははっきりしていた。天皇制国家主義を信奉する人もいたし、一方ではボルシェヴィズムを信じて、それはそれで献身的に生きるとか、はっきりしていたわけです。それに明治以来の近代化にもかかわらず、日本人として生き考える上での作法や尺度が確固としてあった。だが、われわれの世代は、敗戦と占領がもたらした戦後の混沌と無秩序の中を五里霧中で生きてきました、私自身を振り返ってみてそう思います。とにかく何をどう考えたらいいのか迷い、ふらつき、もがいてきた。そして戦後日本に起きたさまざまな出来事の中で、私がどうにも理解できなかったのは、高度経済成長にちょっと陰りが出てきたとはいえ日本がまだまだ豊かで平和だった七〇年代の初めに起きた連合赤軍事件でした。

連合赤軍の関係者たちは、私とほとんど同年輩なのです。同世代の人間がやったことなのに全然、理解できなかった。空前の繁栄を謳歌する平和な日本で、赤城の山にこもって根拠地を作り毛沢東主義のゲリラ戦をやるなどという発想は狂気の沙汰としか思えませんでした。しかしそれなりの数の人間が集まってやっているのだから、個人の奇行とはいえないだろう。それだけに銃撃戦だの仲間の処刑だの、本当に理解に苦しみました。しかし、だいぶ経ってから、彼らもやはり自分と同世代の人間であることが分かってきました。結局、われわれの世代は、日本史上初めて西洋文明に劣等感を持った世代だと思うのです。明治時代にも、英語を国語にしろとか、白人と混血して人種改良しろとか、そうした暴論があったことは事実です。だがこれは、江戸時代を日本が惰眠を貪った時代とみなして、一刻も早く欧米に追いつけ追い越せの焦燥感からでたものと思います。劣等感の印ではない。それどころか、日本は日清、日露戦争に勝って、当時のいわゆる一等国になり、劣等感など全然なかった。ところが、われわれの世代は否応なしに敗戦と占領による西洋コンプレックスという刻印を押されている。

敗戦、占領がもたらした西洋コンプレックス

私も自身を振り返ってみると、西洋コンプレックスがあったといわざるをえない。それは別に、個々の白人に引け目を感じるということではなく、西洋文明を模範とみなしたという意味です。日本の敗戦は、日本人が西洋文明をご都合主義的に学んできたからだ、日本人は改めて西洋とい

う教師に教えを乞い、その真面目な生徒にならなければならない、そういう考え方です。日本がこんなことになったのも、西洋の文化や思想のつまみ食いをしてきたからで、きちんと体系的に学んでこなかったからだ、西洋文明を学び直すことなしには、戦後日本の混乱も克服されないだろう。私は長いことこうした立場でした。だから西洋思想史をやってきたといえる。その原動力はコンプレックスではないかといわれれば、そのとおりなのです。もっとも、西洋から学ぶなら系統的に学ぶべきだという考えは、あながち間違ったものではない。むしろ日本人はそのへんはきちんとやってきたと言える。たとえば文学にしてもホメロスからカフカまで一級品の翻訳がありすます。しかし戦後の日本人は、これまで以上に西洋の文化と思想を系統的にしっかり学ぶ必要がある。こういう私の若い頃の考え方は間違いではないとしても、問題はそれが西洋崇拝と見分けがつかなくなってしまうことです。そして連合赤軍事件の異常さも、私の世代の西洋コンプレックスに起因していると思うのです。

一般に昭和の知識人、とくに若い知識人にとっては、マルクス主義は近代の欧米を理解するアンチョコだったのです。西洋を理解するためにいちいちギリシャ哲学やキリスト教神学までやっていられない、マルクスを読めば西洋と近代がすべて分かるというアンチョコだったのです。そして戦後日本が高度経済成長で繁栄すればするほど、若い世代が「この繁栄には思想の裏付けがないではないか」と感じて、マルクス主義で思想と倫理の空白を埋めようとしたことには無理もない面もありました。戦後日本は彼らに時代錯誤なアンチョコしか提供できなかった。そして革命の幻想は悪夢に終わりました。そして私は事件から三〇年もたってから、彼らは西洋コンプレックスという点で自分とやはり同世代だったという結論に達したわけです。

美意識から生まれる日本人の倫理

今の私の立場は、つまみ食い結構、外国の文物はつまみ食いでいいというものです。むしろつまみ食いのうまさが日本人の取り柄だと思っています。西洋コンプレックスがある世代は、実は食べてみれば不味い料理を有難がったりしていました。その点では、今の若い世代は西洋コンプレックスが完全になくなっていて、ものの味がちゃんと分かるようです。そのせいか、旧世代のように欧米に憧れたりせず、その現状を冷静にみています。

そして現実をみると、ヨーロッパなど治安が悪く人間はがさつという国や社会は健全だが食べ物が不味く退屈な国が多い。それで若い世代は海外旅行や留学に概して消極的になっている。その代わりに国内の寺社や名所旧跡を回ることが流行っています。彼らは日本を再発見しつつある世代です。そしてこの点で、島国根性という言葉は再定義される必要があります。普通この言葉は視野や了見が狭いことを意味しますが、実際には島国の人間は海外に対する好奇心の塊なのです。とくに日本は外敵の脅威がなかっただけに、日本人には好奇心以外に外国に関心を持つ動機がない。ですから近代の日本人が西洋に関心を持つためには西洋についてのロマンチックなイメージが必要でした。数多く翻訳紹介されたヨーロッパの名作童話などが、それに貢献したはずです。そういうロマンが萎めば外国への関心は一挙に薄れる。若者の内向きな姿勢は、物の道理というべきでしょう。

旧世代の西洋コンプレックスはまた、日本は物質的進歩を軽視したから戦争に負けたのだという経済至上主義を伴いました。これに対し若い世代では経済から美へと価値基準が変わってきているように見えます。彼らはデフレの中で生まれ育ち、経済成長は別世界の話にすぎない。そしてデフレの環境に適応して、少ない費用で大きな効果を上げる知恵を身に着けたようです。たとえば金と時間をかけて海外旅行をして疲れるくらいなら、日本の文化や自然を再発見する国内旅行を自転車でした方がいい。人に目立ちたいなら高い外車を買って人に見せびらかす必要はない。二万円でコスプレの衣装を作ればいい。そういったことです。

また彼らは、受動的な消費者から脱却して美学にこだわる世代でもある。美は対象の中にではなく、対象を感受する人間の能力の中にあるものです。だから感性を磨けば人は小さなもの、卑近なもの、物事の細部に深い満足を感じられるようになる。巨額の製作費が売り物のハリウッドの映画より鋭い着想のアニメの方が面白い。フルコースのフランス料理より一杯のラーメンの方がうまかったりする。少ない費用で大きな効果ということは、本来の意味でのエコノミー＝節約ですが、これが美学にもなる。逆にいえば、ひたすら資源を開発利用して物量的な富の拡大を追求する文明は、感性に欠陥がある人間を育てているのです。

しかし先進国の若者は、どこでも日本と同じかもっとひどい状況にあるのに、デフレに適応する知恵を発揮しているのは、どうも日本の若者だけらしい。この点で、やはり彼らは日本人だなと思います。限られた資源しかない国で充実して生きるために、日本人は昔からこうした対象を感受し、美を享受する能力を発達させてきました。しっかり作られた趣味のいい茶室があればヴェルサイユ宮殿は要らない、箱庭と盆栽があれば広壮な庭園は要らないというのが日本人の伝統的な価値観でした。江戸時代は、資源の制約に幕府の規制が加わったので、こういう美的経済が完成された時代と言えそうです。この点では、日本の文明はおそらく美学的文明と規定できるでしょう。ただしここでは、美はたんに「綺麗」ということではなくデフォルメやグロテスクといった要素も含む美ですが。若い世代の知恵は、近代化によって損なわれたこういう日本の歴史と伝統との連続性を回復させているように思います。

そしてここで強調しておきたいのですが、日本では倫理も美意識から派生しているということです。先の東日本大震災では、空前の天災の中で被災した三陸の人びとが落ち着いて秩序だって振る舞い、世界を驚かせました。この被災者たちの振る舞いの原因についてはいろいろな説明があるでしょうが、私は、いかにも日本人的な「見苦しい振る舞いはしたくない」「みっともない姿を晒したくない」という気持ちが強かったからではないかと思うのです。行為の美しさにこだわる態度です。「見苦しい」「みっともない」に多少似た言葉で英語には〝unseemly〟、〝unsightly〟がありますが、これは「不体裁な」という意味です。日本語の「見苦しい」「みっともない」は不体裁などというものではなく、自分と他人の行動を評価する基準です。他人の視線を気にするということではない。日本人には行為の美醜についての内面的基準があり、自分を醜悪な存在と感じたくないのです。だからこれは一種の美意識なのです。そして三陸の被災者たちの振る舞いは、宗教の戒律に基づく倫理よりこの美的倫理の方が現実には効果的なのではないかという問いを提起しています。

二つの転機——古き日本の破壊と「成長の限界」

それから私の人生には二つの転機というかメルクマールがあります。先にお話ししたように、社会にいろいろ偏見や歪みはあったにせよ、それなりにしっとりと落ち着いた日常があった一九五〇年代の日本が、六〇年代の高度成長と共に一挙に別な日本に変わっていった。まず、それですね。この急激な変化には構造的暴力だという印象しか持てなかった。そういう社会に出る気がせず大学も二年留年しましたが、登校拒否や引きこもりの先駆者みたいなものでした。それでも社会人にならざるをえず、通信社に就職し、まもなく地方勤務を命ぜられて、まず名古屋ついで三重県の津市へ赴任したわけです。当時の津は人口一〇万人の日本で二番目に小さい県庁所在地でした。ここには高度成長期以前の日本がまだ色濃く残っていて、本当にほっとしました。そして東京人の私は生まれて初めて地方都市に住んでみて、日本はこういう国だったのかと認識を改めました。また東京は近代的、地方は封建的という当時の通念が間違っていることもすぐに分かりました。マスコミに踊らされやすい東京人に比べて地方の人びとは生活者としての堅実な良識と判断力を持っていました。私は東京という虚構の中で育ち、日本という国の肌触りを知らなかったのです。東京にいた頃は六〇年代の日本には嫌悪感しかありませんでした。それが、日本はこんないい国だったのかと思うようになりました。五〇年代の落ち着いた慎ましい日本とそれをブルドーザーのように押しのけた六〇年代の日本の断絶、それが最初の転機でした。

もう一つの転機は、日本で公害という言葉が広まりだした一九七〇年代初頭にローマクラブが

「成長の限界」という報告を出したことです。私はまだ若くて甘かったもので、いろいろ困難はあっても、これをきっかけに文明の転換が始まると思ったのですよ。実際は全然そんなことはなくて、むしろ七〇年代以降、環境と資源の危機はひどくなる一方でした。経済成長至上主義、金融至上主義は二十一世紀の現在極限に達していますが、そんなことは全然予想していなかった。それくらいエリートの富と権力への執着は凄まじいものだということが分かっていませんでした。現代世界では科学は儲け話にすぎず、文化ではありません。ですから成長の限界をコンピューター・シミュレーションで数学的物理学的に証明しても、エリートにその承認を強いる文化の圧力が存在しないのです。また当時の私は、経済を成長させる要因が分からずにいました。それが銀行マネーであることに気付くのには時間がかかりました。このように、「成長の限界」にかけた期待は空しかったという苦い思いが、人生の第二の転機になりました。

九〇年代の迷い

それから話しておかなければいけないことがあります。私の昔の文章を読む人がいたら、九〇年代の関は著作の基調がブレているのではないかと思うかもしれません。『プラトンと資本主義』でははっきりしていた欧米中心主義批判からブレている。これについて説明をする必要がありますので、一言述べておきたいと思います。九〇年代の私は、今は批判している欧米型議会制民主主義を評価した文章をかなり書いていて、欧米型議会主義を金科玉条にしている在日オランダ人ジャーナリストのウォルフレンを評価したりしている。当時、どうしてそうブレたのか理由を言いますと、一つは東西冷戦の突然の終結に、私なりに虚を衝かれた面があったからです。ソ連の崩壊自体にはそんなに驚きませんでした。私は八〇年代に「完全な国家と不完全な資本主義」というソ連論の小論を書いています。そこでソ連の崩壊を予測したわけではありませんが、ソ連にはもう未来がないと論じています。どういう論文かといいますと、これはオーストリア学派のミーゼスやハイエクが言っていることと多少重なりますが、近代工業経済は市場経済としてしか運営できない、市場が形成する価格というシグナルなしには、まともな資源配分などできないというものです。だからソ連型社会主義と称されているものは、実は戦時統制経済である。恒常的物不足や浪費的資源配分などソ連の経済のあらゆる面はそれで説明できる。しかも、これは私の比喩でなくて、実際にレーニンは権力を奪取した直後に、同志たちにドイツの戦時統制経済の研究を命じているのですよ。近代工業経済で市場を否定したら、それに代わるものは戦時統制経済しかありません。ソ連では戦時統制経済の歪みがあらゆる面で限界に来ているようだとその小論で書きました。だからソ連の崩壊は、その速さに驚きながらも、「やっぱり」という目でみていたのです。

こうしてソ連の崩壊では驚かなかったのですが、虚を衝かれたのは、それをきっかけにアメリカが冷戦に勝利して唯一の超大国になったという大キャンペーンが始まったことです。これは予測していなかった。それほど、アメリカがその行き詰まりをプロパガンダで誤魔化すしかない苦しい状態になっているとは思っていなかったのですよ。アメリカに余裕があったら、「ソ連は間違っていたけれども労働者の地位の向上に配慮したことは評価する」ぐらいのことは言っただろうと思います。ところが「アメリカが冷戦に勝った、勝った」というヒステリックなキャンペーンが展開され、それに反論する声はどこからも聞こえてこない。

一方、当時の日本では、バブルが崩壊したとはいえ、八〇年代のジャパン・アズ・ナンバーワン、日本株式会社バンザイの残響がまだあったし、日本社会の歪みが全部日本企業の成功によって正当化されてしまう危険もあった。とにかくこの状況では、議会制民主主義という体制の建て前があるから、その建て前でエリートの暴走に歯止めをかけるしかない、建て前を逆手にとって権力の集中とか腐敗を批判するしかないと思ったのです。今振り返ってみると、こんな姑息な戦術的な対応をすべきではなかったのです。ただ、当時は時代の動向に対してこうした戦術的な対応をするしかないと思って、その延長で議会主義を金科玉条にしている在日オランダ人ジャーナリストのウォルフレンを評価したりした。

ヘブライズムを解読する必要

議会主義の建前をエリートの暴走に対する歯止めにするしかないと考えていた当時の私は、キリスト教を評価するようなことも言っています。これはドイツ生まれのアメリカの代表的な憲法学者カール・J・フリードリヒの「欧米の議会主義、立憲主義はキリスト教に根差している」という議論の影響を受けたためです。考えてみれば、いかにも日本人的ですが、私はキリスト教には皮相な関心しか持ったことがありませんでした。『プラトンと資本主義』はニーチェの「キリスト教は大衆向きのプラトニズム」という言葉に全面的に依拠して書かれています。ニーチェのキリスト教批判はこの言葉にとどまるものではない。しかし私はプラトン的ロゴスの問題を強調し、その立場からウェーバーを神学的議論に深入りしすぎていると批判しています。ウェーバーがキリスト教の源泉を求めてプロテスタンティズムから古代ユダヤ教にまで遡っていったことの意味を軽視していたのです。九〇年代に私はようやく、ヘブライズム抜きの西洋文明の理解は片手落ちであることに気が付きました。そして私なりにヘブライ思想や古代イスラエルの歴史を改めて研究しました。「民族」の観念は「神の選民」という思想に由来し、古代イスラエルが生んだものであることを知ったのもその頃です。しかし皮肉なことに、当初は評価するつもりでヘブライズムを学んだことが、キリスト教への理解を深め、罪の経済を生み出したスキャンダルとして再認識する結果になりました。世界の激動に虚を衝かれてブレたことは情けない。ただブレたおかげで視野が広がり、ダグラスを発見したり西洋史の理解を深めたりしたことも事実です。ブレもそれなりの収穫をもたらしたと思っています。

また私は八〇年代に『野蛮としてのイエ社会』という小論を書いています。これは経団連の肝いりで日本の企業社会を全面的に肯定する学者たちが書いた『文明としてのイエ社会』という本を批判したものです。中国社会の核は宗族で日本社会の核はイエであり、宗族が親族集団であるのに対して、養子縁組を認める日本のイエには経営組織の面がある。これは社会学的に正しい議論だと思います。しかし問題は、この本で戦後日本の大企業の企業一家主義経営が東国武士団のイエの伝統を継承するものとされていることでした。日本で現場のブルーカラーまで社員と呼ばれるようになったのは高度経済成長期のことで、これはどうみても伝統に関係がない。それに企業の労務管理の手法が伝統とされたり、経団連に日本文明の代表のような顔をされてはたまったものじゃない。文明は目的、企業は手段です。企業が文明になったら日本はアメリカみたいな国になってしまう。この頃は戦国武将がよく財界誌の表紙を飾っていましたが、いかにもそんな時代の本でした。今だったらイエの伝統を継承している企業は関西の老舗だと反駁したでしょう。だが当時はそういう発想が私にはありませんでした。そこでこの小論はこの本の論旨を逆にして、文人支配の中国を文明と持ち上げ武人支配の日本を野蛮とする、たんなるレトリックの演習に終わった。歴史論としては無意味なものでした。ただ私がまったくこじ付けの議論をしたとも思いません。古代世界に関するかぎり、日本が文明を学ぶ師匠としては、隋や唐はかなり良質な師匠だったのではないでしょうか。頽廃期のローマ帝国を文明の師匠にせざるをえなかったゲルマン人に比べれば、日本人は幸いだったように思います。

歴史の根源現象は世代交代

私が九〇年代にブレたのも、ある意味では、自分なりに知識人、言論人としての責任があると思ったせいなのですが、現在、知識人、言論人の使命をどう考えているかについても触れておきたいと思います。人間を動物として、種として捉えると、種としての人間には根本的なディレンマがあります。また繰り返しますが、人間は動物のような集団形成の本能がないのに密接な社会的協力を必要としているというディレンマです。このディレンマには最終的な解決はありません。人間は本能の欠如を文化と政治で補って社会的協力を実現するほかはなく、この文化と政治による解決は一時的暫定的なものにすぎません。この点で、動物は自然の一部であるのに対して、人間は自然から逸脱した歴史上の存在と言えるわけです。動物は生殖と死による世代交代によって生物学的に進化します。だが人間を特徴づけるのは、文化と政治の進化というか、世代交代による文化と政治の歴史的な変容や転換です。この意味で人間は歴史上の存在なのです。

この変容や転換は選択の結果です。遠い先祖から直前の旧世代までの人びとの業績や成果を新しい世代は選択的に評価し継承します。世代交代の過程で、何が記憶に値し何が忘却されていいかが決定されます。ですから歴史とは記憶だといっても、民族の集合的な記憶は絶えず改定され更新される動的な記憶です。若い世代は歴史によって作られた存在だが、同時に彼らはこの選択的な評価と継承をつうじて歴史の作り直しもする。これが歴史というものの根源的な現象です。歴史とは世代交代を契機とした人間の価値観、文化と政治の在り方の変容のことです。文書記録に基づく事実の実証的検証なしには歴史学はありえません。歴史の捏造は許されません。しかし実証的歴史学は、この根源的な歴史に寄与するものでなければ、その存在理由を失うはずです。歴史学は、種としての人間に固有なディレンマの暫定的だが創造的な解決に奉仕すべきでしょう。

ニーチェの「永劫回帰」が意味すること

世代の交代が歴史の根源的現象だとすると、そこからニーチェの「永劫回帰」という言葉の意味もある程度理解できるはずです。歴史とは、この世代交代に際して新世代が記憶された過去に対してどのような態度をとるかという問題です。これには、さしあたり三つの態度がありうるでしょう。まず既に起きてしまったことは変えられないとする態度です。そこからやるせない郷愁や自分が達成したことに満足して居直る精神の老化が生じる。だがそれだけではない。人間を過去の囚人とすることは悔恨、遺恨、罪悪感、無力感の原因になります。

そこから第二の、過去という牢獄から逃走しようとする態度が出てくる。こういう逃走も過去にとらわれている印です。近代世界では、こういう逃走は「進歩」と呼ばれています。過去を基準にしているから新しいことが「進歩」とされるのです。

そして第三に、新世代が現在の生の地平から過去を展望し、過去を選択的に評価継承するという態度が可能です。こうして彼らは記憶された過去を改定し更新することで過去を生き直します。このように生き直されることによって過去は牢獄ではなくなり、過去は新たな意味を持って甦り救済されます。ニーチェの「永劫回帰」は、過去を生き直すことで過去から解放される過程を意味しているように思います。「日の下に新しきことなし」などという意味ではありません。これはまた現在をより深く生きることでもある。現在はもう過去からの逃走を意味していませんから。

そして私の見るところでは、「永劫回帰」は、宇宙論や存在論ではなく、義務論として提起されたものです。ヨーロッパでは十九世紀までにキリスト教会の教えに基づく義務は、消費の快楽と生産の工場規律に分解してしまった。義務は人間の生を方向付けるものです。だがヨーロッパ人は生の方向付けを見失ってしまった。このニヒリズムに対して、ニーチェはキリスト教の戒律に代わる義務の基礎付けを試みたのです。教会の義務は何よりも、キリストが受肉した神であり、キリストが全人類の罪を償うために刑死したことで律法が成就し、人間は罪から解放されたという福音を信じる義務です。しかし、この解放の福音の実際の効果は、キリストを犠牲にしたことに対する人間の悔恨や遺恨、罪悪感や無力感を募らせることでした。キリストに対する人類のこの負債は利子がついてどんどん増えていきます。死んだキリストが本当に復活したのかどうかは、歴史が終わる日が来るまで不明なままです。人類はキリストの刑死という過去の一回的な出来事から解放されません。このキリストに対立するのがディオニュソスです。ディオニュソスは悦びの中で死と再生を繰り返します。生は死のため、死は再生のためにある。こうして「永劫回帰」は新たな義務で人間の生を方向付けます。それは「汝の人生をもう一度生きたいと欲するような生き方をせよ」という義務です。

ヘーゲルの歴史哲学を清算する

このニーチェ的な過去の創造的再創造、創造的救済としての歴史に対立しているのがヘーゲル的歴史なのです。ヘーゲル的歴史というのは、プラトンとアリストテレス以来のヨーロッパ的な存在論、生成は存在として完成されるという発展論の集大成みたいなところがあります。古代以来のヨーロッパの歴史はロゴスがその部分性、不完全性を克服して十九世紀のプロイセンで完成される論理的な発展の過程とされる。私がお話ししたヨーロッパ史上の一連のスキャンダルは隠蔽されて発展の物語にすり替えられる。

ヘーゲル的歴史は過去を完結したものとみなし、過去の諸時代が達成し蓄積したものを保存し管理することです。歴史は倉庫のようなものになる。ヘーゲルのいう「止揚（aufheben）」は廃棄と保存を同時に意味するドイツ語ですが、これはさまざまな存在がより大きな全体にその部分として組み込まれる過程を意味しています。だから最初は小さな穴倉だったものがどんどん大きくなって最後は巨大な倉庫になる。人間はその倉庫の管理人になる。管理人は倉庫には価値ある富が蓄積されていると信じています。それがゴミや偽物やガラクタであるはずはない。人間の地位と名誉はそういう過去に蓄積された富を相続していることにある。だからヘーゲル左派のマルクスも「古代ギリシャの美術や詩が魅惑的なのは、それが再び戻ってはこない人類の幼年期の産物であるからだ」と言っています。

これはニーチェの『悲劇の誕生』とは正反対の考え方です。ニーチェはギリシャ的なものこそ、十九世紀のドイツに何が欠けているかを開示する反時代的な指標として評価されねばならないと考えました。さらにニーチェは若い時に「生に対する歴史の利害について」という小論を書いており、そこで歴史を学ぶことは生きることにプラスなのか、マイナスなのかと問いました。これはヘーゲルないしヘーゲルに代表される十九世紀ドイツの歴史観に対する挑戦でした。

ヘーゲル流の歴史観は、人間を歴史によって受動的に作られる存在としてしか見ていない。人間が歴史を生き直し作り直す可能性、過去の記憶を更新し新たに歴史を始める可能性を排除している。これでは人間は歴史の操り人形になってしまう。実際、ヘーゲルは、歴史において人間を操る「理性の狡知」を論じました。だからヘーゲル哲学から、人間は社会学的に決定され匿名の社会的諸力によって動かされる存在とするマルクスの歴史観が出てきたのです。そして問題は、人間は歴史によって受動的に作られる存在とする歴史観は、キリスト教の倫理が空洞化しヨーロッパ人が生の方向付けを見失った結果として出てきたものであることです。十九世紀のヨーロッパ人は評価し選択する能力を喪失してしまった。それで歴史は意味のない自動的なメカニズムになり、人間は大衆という家畜のような群れになってしまった。だからニーチェは、生を方向付けないような歴史は生に有害であるとしたわけです。

世代の代弁者としての知識人

ですから知識人に使命というものがあるとしたら、それは歴史の証人たることにあると私は考えます。知識人の課題は、自分の社会が過去の評価と継承に関してどのような問題、どのような選択に直面しているのかを明らかにすることです。また何を記憶によって蘇らせるべきであり、何を忘却によって葬り去るべきか評価の基準を示唆することです。その使命は、世代の交代という根源的な歴史のドラマを代表し、その証人になることです。しかし歴史における世代交代は、元気がいい若い世代が老いた旧世代を押しのけるといった単純な生物学的過程ではありません。それでは伝統を継承することにならない。過去の選択的な評価と継承は、むしろ新旧世代の相克をとおして実現されるというべきでしょう。この相克は、新世代が旧世代を、敬意をこめて追い越すためのものです。そして旧世代の業績はさまざまな解釈が可能な未完結なものです。

だから知識人は、新旧世代の相克の中で新旧世代の代弁者になるだけではなく、各世代内部の葛藤についても代弁する必要があります。私自身、西洋コンプレックスにつきまとわれた世代の一員としてその葛藤を代弁してきたつもりです。それが世代間のリレーで私が若い世代に渡すバトンです。

それから、これは誤解されるのを承知であえて言うのですが、知識人の立脚点はナショナルなものでしかありえません。知識人は言論に関わり言説を織りなす存在であるかぎり、広義の意味での文学者なのです。そしてその言語は、エスペラントでない限り、何らかの国語です。だから知識人は国語の枠を超えることはできません。知識人にとって国語は、魚が住む水のようなものです。結局それを超える視点、国語ないし国語で表現されるナショナルな文化を超える普遍的な視点など存在しません。そんな視点があるとすれば、それは妄想でしょう。知識人の使命は、言語、文化、歴史を共有する民族の集合的で動的な記憶を絶えず改訂し更新することにあるのです。ただしナショナルな文化を外国文化の受容に開かれたものにすることも知識人の使命に属します。

これまでの話の中でも私は、たとえば「労働者に祖国はない」と断じたマルクスがいかにナショナルな視角で物事を考えていたかを指摘してきました。彼にはユダヤ系ドイツ人としての葛藤があった。また彼の立場は英国の産業革命とフランスの政治革命の圧力をひしひしと感じている典型的なドイツの知識人のものでした。

それから現代でも一例をあげると、フランスのミシェル・フーコーは司牧的権力、迷える羊を導く権力について語っています。この権力論はフランスがカトリック国だったこと、カトリック教会の聖職者が王侯貴族と並ぶ支配層だったことを抜きにしては考えられないでしょう。そういう意味では、フーコーの権力論は、厳密にいえば日本はもちろん、隣国のドイツや英国にさえ当てはまらない。彼の議論は厳密にはフランスにしか当てはまらない。だからといって、フーコーをナショナリストという人はいない。そういうことですね。

民族の言語を浄化する

世代交代の過程を代表し代弁することは知識人の社会的使命です。知識人は言説を織りなすことによってこの使命を果たします。ですから知識人は言語の在り方、言説の生産に関しても何らかの使命を持っているはずです。最後にこの点についてお話ししたいと思います。

私の思想史家としての出発点は、プラトンの誹謗中傷によってのみ後世に知られているソフィストたちの名誉を回復することでした。このプラトン批判とソフィストの再評価には、後期ヴィトゲンシュタインの影響があります。ソフィストも彼らと対立したソクラテスとプラトンのどちらも教師でした。では両者にどのような違いがあったのでしょうか。ソフィストの出現は、ポリスのデモクラシーの開花に関係があります。デモクラシーにおいては直接の暴力による支配は不可能になるので、エリートとして民衆を支配したい者には、言論による欺瞞や隠蔽、デマゴギーやプロパガンダが支配の主要な手段になります。ですからソフィストは弁論術の教師として人間を動かす言葉の力を明らかにして、もっともらしい言論に欺かれない市民を育てようとしました。人間にとって言葉は宝でもあり、禍《わざわい》でもあることを教えました。さらにアテネの場合は、すべての市民が都市国家の統治に参加していたので、自分の意見を効果的に人に伝える能力は市民には不可欠な教養でした。

ポリスは言論の闘技場であり、市民は言論というスポーツの選手でした。だからソフィストは、そこでフェアプレイを演じる言論のスポーツマンを育成するコーチだったのです。言論においても貨幣と同じく、悪貨が良貨を駆逐する傾向があります。腐った歪んだ言論が健全な言論を圧殺しがちです。しかし市民がソフィストのコーチを受けているかぎり、良貨が悪貨を淘汰し、ポリスは公正な言論の闘技場であり続けました。

他方でソクラテスとプラトンは市民にとっては悪質な教師でした。スポーツの試合は参加者全員が試合のルールに同意しそれを守ることによって成立しています。ところがこの二人は自分で勝手に新たなルールを作り、それによって自分が連戦連勝して「真理」という勝利のトロフィーを独り占めできるようにした。そしてこのルール破りをソフィストの弁論術に対して「知への愛(Philosophia)」、哲学と称した。ソクラテスとプラトンはルール・チーター、ルールの裏をかいて勝とうとする人間だったのです。しかし、言論の闘技場の外での勝利など誰にも相手にされません。そこでソクラテスは未熟な若者を洗脳して自分がすぐれた人物であることの証拠にしようとした。これが、彼が「若者を腐敗させた」として告発された理由です。ソフィストは市民に弁論の術をコーチとして指南するだけです。人の考えには干渉しません。ところがソクラテスとプラトンは、正しい考え方を教えるとして人の思想を支配しようとする。彼らは教師というよりイデオローグの原型です。真理の名で人びとを教化洗脳して支配しようとするイデオローグなのです。

知識人はそれとは正反対の存在であるべきです。真理の名で正当化されている言説の欺瞞を暴くソフィストであるべきです。知識人にとって言語は論理ではなく倫理の問題なのです。この点で、その使命は哲学者より文学者に近いものと言えるでしょう。英国の詩人エリオット（T. S. Eliot）に「四つの四重奏」という詩がありますが、その一節に「部族の方言を浄化する（purify the dialect of the tribe）」というマラルメの詩「エドガー・ポーの墓」から引用された言葉があります。あくまで「浄化する」ので「是正する」のではありません。部族の方言は浄化されてより高みと深さがある民族の国語になる。民族の言語をより深い、より豊かで力強い、より繊細で気品があり、より精度の高いものにする。そこに知識人の究極の使命があると思うのです。

あとがき

まずはじめに、読者諸賢に誤解なきようお願いしたいことがある。この本は、世界の歴史を総括してそこから今後日本がとるべき進路を結論として引き出すといった本ではない。本書の中でも「世界史の観念は消滅する」と私は明言している。歴史は「総括」できるようなものではない。二十世紀の世界を思想的に席巻したヘーゲル＝マルクス流の「世界史の哲学」は、歴史を論理学に還元しようとする哲学者のたわ言にすぎない。歴史の中に因果関係や論理的な起承転結は存在しない。そこに見出されるさまざまな相似や連続やつながりは基本的にミメーシス、模倣による伝播の産物なのである。だから文明の歴史は模倣の歴史である。たとえば日本の歴史は、古代には隋唐の、近代には西洋の文明を模倣することなしにありえたであろうか。

だがミメーシスとしての歴史は、原本の完全なコピーが拡散することを意味しない。反対に、模倣《ミメーシス》は必ず原本からずれて逸脱したコピーを生みだす。そしてそうしたずれの集積が、歴史的な変化と変動の要因になる。ここでも日本は分かりやすい実例である。日本は当初から隋唐の文明のずれたコピーであり、やがて原本とは全く異質な文明になった。これはいわば、進化の系統樹から分岐して新たな種が生まれる過程に似たものだった。ある文明は、他の文明の成果を模倣し消化吸収する時にこそ、その独自性を発揮するといえよう。そしてもう一つ。模倣《ミメーシス》としての歴史は、コピーの連鎖にほかならない。日本が模倣の対象にした隋唐の文明もペルシャなど西方のさまざまな文明のコピーだった。歴史においては原本や起源は存在しないのである。

人間の社会は模倣によって成立し模倣によって変化する。だから歴史の動因も模倣である。そして人間だけでなく動物も模倣する。模倣することは生命の戦略であり、そこに変化する環境に適応しながらその可能性を拡大しようとする生命の根源的な衝動が現れている、だから成長期の子供はあれほど真似ることに熱中するのだ。そして生命の戦略であるがゆえに、模倣は意識的理知的な選択ではなく無意識的で本能的な振る舞いである。模倣《ミメーシス》としての歴史も理知的選択の所産ではない。近代日本が欧米の文明を懸命に模倣してきたことも、その根底には、圧倒的な存在に呑み込まれまいとする本能的な反応があった。しかし歴史においてはある時点で、模倣してきたことの成果と弊害を改めて意識的に反省し評価すべき危機と転回の瞬間がやってくる。その時が、歴史家の出番である。

ギリシャ語では「真理（Aletheia）」の反意語は「虚偽」ではなく「忘却（Lethe）」である。真理は推論ではなく記憶の正しさに関わる。歴史の転機において人間は、模倣の成果の中で賞揚と保存に値するもの、模倣の代償として忘れられた過去の中でその記憶を甦らせるに値するもの、そして忘れ去っていいものについて評価と決定を迫られる。この評価と決定によって民族の記憶を再編成し、生に新たな方向性を与えねばならない。ドイツロマン派の文人フリードリッヒ・シュレーゲルの「歴史家は後ろ向きの予言者」という言葉も、この文脈で理解されよう。こうした記憶の再編成が生の可能性の新たな拡大に途を拓くからである。日本は現在、このような歴史の転機を迎えていると私は信じている。今の日本の問題は、未来へのヴィジョンの不在などではない。そうではなくて、進歩史観にせよ、近代化史観にせよ、グローバリズムにせよ、すでに陳腐化した過去の思想に我々が相変わらず呪縛されたままであることが問題なのだ。

最後に改めて申し上げるが、歴史家はあくまで「後ろ向きの予言者」であって、未来に何が起きるかを予言する占い師ではない。未来の予言はその領分ではない。だから私は、たとえば議会制国家の終焉を語りながら、どんな国家体制がどのようにそれに取って代わるかは議論していない。議会と政党の政治が終焉した原因と背景を解明することは、歴史家の責任に属する。歴史家は一つの時代の終わりを確認することで新しい時代を準備する。そして私にも個人的には、議会制国家を超える体制についての漠然とした予想がない訳ではない。しかしたんなる個人的な推測や信条を歴史的な根拠で裏付けられたものであるかのように語ることは、歴史家なら慎むべき越権行為である。ゆえにポスト議会主義の国家体制という問題については、読者諸賢の思索にお任せしたいと思う。

また私はダグラスの社会信用論をかなり詳しく紹介しているが、これも党派的な主張を意図したものではない。二十世紀の経済思想の本来の課題は、貨幣論――通貨をシステムとして理解すること――だった。そして一九三〇年代アメリカの大恐慌は、まさに貨幣という深淵が口を開けたものだった。しかしアメリカが恐慌を大戦による軍需ブームで一時的に乗り切ったために、この主題はうやむやにされ、二十世紀は資本か労働か、国家か市場かという時代錯誤な十九世紀の図式を引きずることになった。その結果、目下の世界経済のハルマゲドン的危機というかたちで、問題を棚上げにしたツケが回ってきている。私がダグラスを紹介したのは、彼が二十世紀の貨幣論を代表する存在だからである。それゆえにダグラスに対する私の評価に同意されない方にも、現代経済の中心には貨幣の問題があることは理解していただきたいと思う。

この本が生まれたのは、三室勇氏という産婆役がいたおかげである。氏は今は京都で医療ジャーナリストをしておられるが、ユニークな出版で知られた東京のせりか書房で編集者をしていたこともある氏が、光栄にも私の著作に注目してこられた。そして氏が私に対して著作活動をめぐるインタヴューを思い立ったことが、本書が生まれるきっかけになった。本書の内容は、メモに書き残して死後に遺稿として出版してもらうしかないと私が思っていたものである。それが私の談話のテープ起こしから小見出しの割り振りや出版社との折衝まで一手にしていただいた氏の熱意と尽力によって、生きている間に本として日の目をみることになった。著作家としてこれほどの幸福はない。三室氏にはただただ感謝するしかない。そしてこの本を仕上げて世に送り出してくださったのは、NTT出版の永田透氏である。氏は、商売気なしに私と懇談するためにだけ遠路豊橋まで来たことがある若手の編集者である。このように私は理解ある出版人にも恵まれた。一国の文化の水準は編集者の質によって決まるというのが、私のかねてからの持論である。どんな著作であれ、それを文化の座標軸の中に位置づけ公共の資産にするのは、編集者なのである。だから古代には、書物の編纂は皇室の重要な事業だった。永田氏のような若手編集者がいるかぎり、日本文化の将来には安心していい。このかなり異端の書を世に出してくださった永田氏とNTT

出版には改めて深く感謝したい。

二〇一六年四月四日　於豊橋

関　曠野

イリイチ（Illich, Ivan）『脱学校の社会』東洋・小澤周三訳、東京創元社、1977年

第8章

ヒンツェ（Hintze, Otto）『封建制の本質と拡大』阿部勤也訳、未来社、1966年
長部日出雄『「古事記」の真実』文春文庫、2015年
アリストテレス（Aristoteles）『ニコマコス倫理学』高田三郎訳、岩波文庫、全2巻、1971、73年
ハイデッガー（Heidegger , Martin）『存在と時間』原佑訳、中公クラシックス、全2巻、2003年
本居宣長『玉勝間』岩波文庫、全2巻、1987年
鬼頭宏『文明としての江戸システム』講談社学術文庫、2010年
松本健一『山本覚馬：付き「百一新論」』中公文庫、2013年
マキアヴェリ（Machiavelli, Niccolo）『君主論』池田廉訳、中公クラシックス、2001年

第9章

セルゲイ・ウイッテ伯爵（count Sergei Witte）『ウイッテ伯回想記』大竹博吉訳、明治百年史叢書25～27巻、原書房、2004年
レーニン（Lenin , Vladimir Illich）『帝国主義論』宇高基輔訳、岩波文庫、1956年
バーマン（Berman, Morris）*Neurotic Beauty :An Outsider Looks at Japan,* Water Street Press,2015.
カンストラー（Kunstler, James H.）*World made by Hand*, Grove Press; Reprint, 2009.

第10章

フリードリヒ、C・J（Friedrich, Carl J.）『比較立憲主義』清水望他訳、早稲田大学出版部、1979年
ニーチェ（Nietzsche, Friedrich W.）『悲劇の誕生』西尾幹二訳、中公クラシックス、2004年
エリオット（Eliot, T. S.）『四つの四重奏』岩崎宗治訳、岩波文庫、2011年

のアナーキズム』村上陽一郎・渡辺博訳、新曜社、1981年
ヴィトゲンシュタイン（Wittgenstein, Ludwig）『哲学探究』丘沢静也訳、岩波書店、2013年
ホワイト（White, Lynn junior）*Machina ex deo: essays in the dynamism of Western culture,* MITPress, 1968.（『機械と神——生態学的危機の歴史的根源』青木靖三訳、みすず書房、1999年）

第6章

ウェーバー（Weber, Max）『プロテスタンティズムの倫理と資本主義の精神』大塚久雄訳、岩波文庫、1989年
プラトン（Platon）『ソクラテスの弁明ほか』田中美知太郎・藤沢令夫訳、中公クラシックス、2002年
グリーンフェルド（Greenfeld, Liah ）*Nationalism: Five Roads to Modernity,* Harvard University Press; Reprint,1993
——*Mind, Modernity, Madness: The Impact of Culture on Human Experience,* Harvard University Press,2013.
フーコー (Foucault, Michel)『狂気の歴史——古典主義時代における』田村俶訳、新潮社、1975年
ヴェブレン（Veblen, Thorstein）"Salesmanship and the churches", Max Lerner ed. *The portable Veblen* に所収
ニーチェ (Nietzsche, Friedrich W.)『道徳の系譜』木場深定訳、岩波文庫、1964年
メドウズ『成長の限界——ローマ・クラブ「人類の危機」レポート』大来武次郎監訳、ダイヤモンド社、1972年

第7章

ダグラス（Douglas, Clifford Hue）*Economic Democracy,* 1920.
——*Credit Power snd Democracy,* 1921.
——*Social Credit,* 1933.
主要著作は以下を参照。
http://www.socred.org/index.php/pages/the-douglas-internet-archive
ケインズ（ Keynes, John M.）『雇用、利子および貨幣の一般理論』間宮陽介訳、岩波文庫、全2巻、2008年
シュンペーター（Schumpeter, Joseph A.）『租税国家の危機』木村元一訳、岩波文庫、1983年

アーレント（Arendt, Hannah）『革命について』志水速雄訳、ちくま学芸文庫、1995年
ヘーゲル（Hegel, Georg W. F.）『精神現象学』長谷川宏訳、作品社、1998年
――『歴史哲学講義』長谷川宏訳、岩波文庫、全2巻、1994年

第3章

マルクス（Marx, Karl）『ユダヤ問題によせて　ヘーゲル法哲学批判序説』城塚登訳、岩波文庫、1974年
ヘルダー（Herder, Johann Gottlieb）『世界の名著（38）ヘルダー　ゲーテ』小栗浩訳、中公バックス、1979年

第4章

フクヤマ(Fukuyama, Francis)『歴史の終わり――歴史の「終点」に立つ最後の人間』渡辺昇一訳、三笠書房（新装版）、全2巻、2005年
ケンペル（Kaempfer , Engelbert）『江戸参府旅行日記』斎藤信訳、平凡社（東洋文庫）1977年
ギアツ（Geertz, Clifford）『ローカル・ノリッジ――解釈人類学論集』梶原景昭訳、岩波書店、1991年
トックヴィル（Tocqueville Alexis de）『旧体制と革命』小山勉訳、ちくま学芸文庫、1998年

第5章

スノー（Snow , Charles　Percy）『二つの文化と科学革命』松井巻之助・増田珠子訳、みすず書房、2011年
タレス、アナクサゴラス、ヘラクレイトス（ Thales, Anaxagoras, Herakleitos）『初期ギリシア自然哲学者断片集』日下部吉信訳、ちくま学芸文庫、全3巻、2000-2001年
デカルト（Descartes, Rene）『方法序説』谷川多佳子訳、岩波文庫、1997年
トゥールミン（Toulmin, Steven）『近代とは何か――その隠されたアジェンダ』藤村龍雄・新井浩子訳、法政大学出版会、2001年
ポパー（ Popper, Karl）『科学的発見の論理』大内義一・森博訳、恒星社厚生閣、全2巻、1971年
ラカトシュ（Imre, Lakatos）『方法の擁護――科学的研究プログラムの方法論』村上陽一郎他訳、新曜社、1986年
ファイアーアーベント（Feyerabend, Paul）『方法への挑戦――科学的創造と知

文献案内

はじめに・第１章

丸山真男『日本の思想』岩波新書、1961 年
バシュラール（Bachelard, Gaston）『科学的精神の形成——対象認識の精神分析のために』及川馥訳、平凡社ライブラリー、2012 年
ロック（Locke, John）『統治論』宮川透訳、中公クラシックス、2007 年
荒井献『トマスによる福音書』講談社学術文庫、1994 年
ペイゲルス（Pagels, Elaine H.）『禁じられた福音書——ナグ・ハマディ文書の解明』青土社、2005 年
聖アウグスティヌス（ st.Augustinus）『告白』服部英次郎訳、岩波文庫、全２巻、1976 年
マルクス・アウレリウス（ Marcus　Aurelius）『自省録』神谷美恵子訳、岩波文庫、2007 年
ルソー（Rousseau, Jean - Jacques）『人間不平等起源論・社会契約論』小林善彦訳、中公クラシックス、2005 年
ルター（Luthwe, Martin）『世界の名著（23）ルター』松田智雄訳、中公バックス、1979 年
エラスムス (Erasmus, Desiderius)『痴愚神礼賛』渡辺 一夫・二宮敬訳、中公クラシックス、2006 年
ラ・メトリー（de La Mettrie, Julien)『人間機械論』杉捷夫訳、岩波文庫、1957 年
ヴォルテール（ Voltaire)『哲学書簡・哲学辞典』中川信訳、中公クラシックス、2005 年
カント（Kant, Immanuel）『純粋理性批判』篠田英雄訳、岩波文庫、全３巻、1961、62 年
テルトゥリアヌス（ Tertullianus)『中世思想原典集成〈4〉初期ラテン教父』上智大学中世思想研究所、平凡社、1999 年

第２章

ホッブズ（ Hobbes, Thomas)『リヴァイアサン』永井道雄訳、中公クラシックス、全２巻、2009 年

トとケインズから「保護貿易」を再考する』エマニュエル・トッド他著、藤原書店、2011 年 11 月に所収。
「世界貿易の崩壊と日本の未来ＴＰＰ＝タイタニックに乗り遅れるのは結構なことだ」『ＴＰＰの大義』農文協ブックレット、農山漁村文化協会、2010 年 12 月に所収。
「イリッチ『エネルギーと公正』を読み直す」『神奈川大学評論』神奈川大学、第 70 号 2011 年 11 月
「脱原発の戦略とは何か——歴史的展望」『歴史としての 3.11』河出書房新社編集部、河出書房新社、2012 年 2 月に所収。
「科学はどこまで文化なのか」「神奈川大学評論」第 72 号、2012 年 7 月
「なぜジャン＝ジャックは我らの最良の友なのか」「現代思想」青土社、2012 年 10 月
「３・１１後の日本社会・グローバリゼーションからローカリゼーションへ——幕末開国期に視点をリセットして、日本の歴史を再考する」『〈ケアの思想〉の錨を——３・１１、ポスト・フクシマ〈核災社会〉へ』金井淑子編、ナカニシヤ出版、2014 年 4 月に所収。
「なぜ議会制国家は崩れ去りつつあるのか」『規制改革会議の「農業改革」——二〇氏の意見』（農文協ブックレット）農山漁村文化協会、2014 年 8 月に所収。

【訳書解説】

マンフォード、ルイス『ユートピアの思想史的省察』新評論社、1997 年 6 月

【翻訳】

ベロック、ヒレア『奴隷の国家』（ *The servile state,* 2nd ed.) 太田出版、2000 年 9 月

関曠野：自選著作・論文リスト

【著作】

『プラトンと資本主義』北斗出版、1982年11月（改訂新版、1997年7月）
『ハムレットの方へ――言葉・存在・権力についての省察』北斗出版、1983年11月（改訂新版、1994年11月）
『野蛮としてのイエ社会』（あごら叢書）御茶ノ水書房、1987年3月
『科学の「世紀末」』（高木仁三郎との対談）平凡社、1987年5月（新装版、2011年10月）
『左翼の滅び方について』（窓ブックレット5）窓社、1992年2月
『“ドル”よ驕るなかれ――しのびよる世界通貨危機』同朋舎、1997年5月
『歴史の学び方について――「近現代史論争」の混迷を超える』窓社、1997年7月
『民族とは何か』講談社現代新書、2001年12月
『フクシマ以後――エネルギー・通貨・主権』青土社、2011年10月
『グローバリズムの終焉――経済学的文明から地理学的文明へ』（藤澤雄一郎と共著）（シリーズ・地域の再生）農山漁村文化協会、2014年3月

【編著】

『ウォルフレンを読む』窓社、1996年月6月

【論文】

「完全な国家と不完全な資本主義」「クリティーク」4-5、青弓社、1986年7,10月（『野蛮としてのイエ社会』に所収）

「資本主義論の現在」人文会二五周年記念委員会編『人文書のすすめ――人文科学の動向と基本図書』1993年10月に所収。

「兆民と政治的なるものの超克」『兆民をひらく――明治近代の〈夢〉を求めて』（アンソロジー日本）井田進也編、光芒社、2001年12月に所収。

「貿易の論理　自給の論理」『自給再考――グローバリゼーションの次は何か』山崎農業研究所、農文協、2008年11月に所収。

「「自由貿易」とアメリカン・システムの終焉」『自由貿易という幻想――リス

【著者】
関 曠野（せき ひろの）
1944年東京生まれ。早稲田大学を卒業後、共同通信社勤務を経て、1980年より著述生活に入る。1982年のデビュー作『プラトンと資本主義』（北斗出版）以降、幅広い分野に渡る著作、論文を発表。近作に『フクシマ以後――エネルギー・通貨・主権』（青土社）『グローバリズムの終焉――経済学的文明から地理学的文明へ』（共著、農文協）

【聞き手】
三室 勇（みむろ いさむ）
1945年生まれ。20歳代に雑誌『新日本文学』の編集、その後、せりか書房、フィルムアート社など書籍編集に携わった後、医療関係の広告代理店に勤務し、30歳代後半から医療・医学分野のフリーランス・ライター となり、現在に至る。

なぜヨーロッパで資本主義が生まれたか

―― 西洋と日本の歴史を問いなおす

2016年6月3日　初版第1刷発行

著　者　関曠野
聞き手　三室勇
発行者　長谷部敏治
発行所　NTT出版株式会社
〒141-8654　東京都品川区上大崎3-1-1　JR東急目黒ビル
TEL　03-5434-1010（営業担当）／03-5434-1001（編集担当）
FAX　03-5434-1008　http://www.nttpub.co.jp/
装　丁　松田行正
印刷製本　株式会社光邦

ISBN 978-4-7571-4346-3 C0030